DIE VEGETARISCHE CHINESISCHE KÜCHE

Inhalt

8 **Kultur und Tradition
   der chinesischen Küche**

10 **Gemüse**
10 Blattgemüse
12 Wurzel- und Knollengemüse
13 Hülsenfrüchte
14 Frucht- und Kürbisgemüse
15 Stielgemüse
15 Pilze

17 **Getrocknete Lebensmittel**
19 Meerespflanzenprodukte

20 **Gewürze und Zutaten**
20 Getrocknete Gewürze
21 Frische Gewürze
22 Würzsaucen
23 Öle und Essig
24 Binde- und Andickmittel
24 Weine und Schnäpse

24 **Techniken des Schneidens**

25 **Kochmethoden**

27 **Kochgeräte**

28 **Mit Stäbchen essen**

Rezepte

29 Vorspeisen

36 Suppen

42 Salate

50 Braten

68 Kochen

73 Parallelkochen

76 Fritieren

84 Schmoren

94 Dämpfen

100 Reisgerichte

106 Nudelgerichte

112 Eingelegtes Gemüse

114 Desserts

117 Tee und andere Getränke

123 Grundrezepte

127 Rezeptverzeichnis

131 Sachregister

In der chinesischen Küche werden traditionell mehrere Speisen in kleineren Mengen zu einer Tafel zusammengestellt. Die Rezepte sind daher als Hauptspeise, wo nichts anderes vermerkt ist, für 2 Personen berechnet.

Masseinheiten

Eine Reisschale (RS) entspricht 2,4 dl oder 30 Esslöffeln Flüssigkeit. Ein Esslöffel (EL) entspricht 8 ml und ein Teelöffel (TL) 4 ml. Um sich die Arbeit zu erleichtern, stellt man sich am besten einige Gefässe zusammen, die diesen Massen entsprechen und benutzt sie als «Norm»-Masse.

Vorwort

Seit acht Jahren lebe ich nun in Deutschland, und ich habe in dieser Zeit vielfältige Erfahrungen im Umgang mit den Menschen dieses Landes, ihrer Mentalität und Lebensweise gewinnen können.

Es steht ausser Frage, dass Europa im technologischen Bereich eine führende Rolle einnimmt, im kulinarischen aber kann ihm vielleicht die chinesische Küche noch manche Impulse und neue Erkenntnisse vermitteln. Gewiss findet nun auch im Westen vielerorts ein Umdenken statt, und man besinnt sich wieder vermehrt auf die eigentlichen Werte der Nahrung – Vollwert, gesunde und vegetarische Küche stehen hoch im Kurs.

In China gibt es seit jeher ein tief verwurzeltes Wissen über die richtige und gesunde Ernährung. Ein Gespür für diese Traditionen, einen Teil dieses Wissens möchte ich in diesem Buch vermitteln, und nicht zuletzt möchte ich Ihnen die ganze Vielfalt einfacher und wohlschmeckender vegetarischer chinesischer Gerichte zeigen. Ich wünsche gutes Gelingen, viel Spass und guten Appetit!

Kultur und Tradition der chinesischen Küche

In China ist das Essen ein Teil der Kultur. Es besteht noch heute eine enge Verbindung zwischen Ernährung und Religion. Für die buddhistischen Mönche spielt die vegetarische Ernährung immer noch eine wichtige Rolle. In China, und insbesondere in seinem religiösen Denken, ist das Essen Ausdruck der Achtung des Lebens, der Ächtung des Tötens und ein Sinnbild der Menschlichkeit. Man geht davon aus, dass vegetarische Ernährung nicht nur dem Körper Gutes tut, sondern auch positiven Einfluss auf Geist und Charakter ausübt.

Die Gliederung der chinesischen Küche

China ist ein grosses Land und besitzt daher eine äusserst breite Vielfalt an geografischen und klimatischen Bedingungen. Wenn die Temperaturen im Nordosten Chinas auf minus 20 bis 30 Grad fallen, herrscht im Süden oft noch angenehm herbstliches Wetter. So findet man in China auch alle Arten von Vegetation. Auch die Traditionen und Lebensweisen der Menschen unterscheiden sich von Provinz zu Provinz. In der chinesischen Küche paart sich eine lange Tradition mit unterschiedlichsten regionalen Eigenheiten. So sagte man schon früher: «Der Süden ist süss, der Norden ist salzig, der Westen ist sauer.» Auch wenn sich im Laufe der Zeit vieles verändert und vermischt hat, besitzt diese Regel noch immer ihre Gültigkeit.

Nach ihren kulturellen Ursprüngen sind – hierarchisch geordnet – sechs Quellen der chinesischen Küche zu unterscheiden: die Palastküche, die Küche für Bankette, die (vegetarische) Tempelküche, die gutbürgerliche Küche, die Volksküche und die Garküche mit Strassenverkauf.

Geografisch gliedert sie sich in fünf Regionen, die jeweils eigene Charakteristika entwickelten: die Sechuan-Küche, die Kanton-Küche, die Shanghai-Küche, die Beijing-Küche und die Shandong-Küche.

Der Ursprung der vegetarischen Küche in China

Die vegetarische Ernährung hat in China ihren Ursprung in der Tradition der Tempelküche und ist damit aufs engste mit den Hauptreligionen – Buddhismus und Taoismus – verknüpft. Unter der Tempelküche versteht man das Essen, wie es traditionell in den buddhistischen und taoistischen Tempeln zubereitet wird. Nach der Zeit der Han- und Qin-Dynastien (206 v. Chr.–420 n. Chr.) waren im ganzen Land, vor allem in den Bergen, solche Tempel entstanden. Viele Tempelküchen waren im Laufe der Zeit durch ihre speziellen Zubereitungstechniken für Obst und Gemüse bekannt geworden. So wurden beispielsweise beim sogenannten «vegetarischen Bankett» die Speisen im Aussehen Hühnchen, Ente, Fisch und Schinken nachempfunden. Der Gebrauch von Tofu bereicherte den Speisezettel. Bis zum Beginn der Song-Dynastie (960–1297 n. Chr.) hatte die Tempelküche zu ihrem eigenen Stil gefunden. Auch heute wird verschiedenenorts noch die reine Tempelküche gepflegt, so im Sanfou-Tempel in Shanghai, im Daming-Tempel von Yangzhou und im Taiqing-Tempel von Shenyang.

Die Tempelküche ist ursprünglich jedoch nicht nur vegetarisch. In den buddhistischen Sutren sucht man vergebens nach Regeln, die dem Gläubigen den Genuss von Fleisch verbieten. In den Tempeln gilt die Regel, dass Lebewesen nicht getötet werden dürfen, und dennoch war es erlaubt, «dreifach sauberes Fleisch» (San Jing Rou) zu essen. Darunter versteht man das Fleisch von Tieren, die man nicht selbst getötet, bei deren Tötung man nicht zugesehen und deren Tötung man selbst nicht veranlasst hat. Konfuzius stellte in seiner Schule ähnliche Gebote auf und forderte, dass ein Weiser dem Schlächter nicht bei seinem Handwerk zusehe. Den Verzehr von Fleisch hingegen erlaubte er.

Wie der ehemalige Präsident der buddhistischen Gesellschaft Chinas, Xi Yaojia, festhielt, geht das Verbot des Fleischverzehrs auf eine Rivalität zwischen Shaijamoni, einem indischen Führer des Buddhismus vor etwa 2500 Jahren, und seinem Schüler Tipudoda zurück. Tipudoda habe das Fleischverbot erlassen, um Shaijamoni die Führungsposition streitig zu machen. Obwohl chinesische Buddhisten die Regeln Tipudodas nach China brachten, und der Buddhismus während der Han-Dynastie in China Fuss fassen konnte, setzte sich die Regel des fleischlosen Essens nicht durch. Der Verzehr von Fleisch war unter den Han-Chinesen, den Mongolen, den Tibetern und den Anhängern des Tao noch weit verbreitet.

Die vegetarische Ernährung nahm in China erst während der Herrschaft des Kaisers Liang Wudi in der südlichen Dynastie (502–557 n. Chr.) ihren Aufschwung. Liang Wudi war in der Musik, in der Poesie und in der Kalligraphie bewandert und ein überzeugter Anhänger des Buddhismus. Als Kaiser und damit als Vorbild für alle Chinesen ernährte er sich ein ganzes Leben lang rein vegetarisch. Er liess zahlreiche Tempel errichten und verlangte, dass das vegetarische Essen in die Grundsätze des Buddhismus aufgenommen werde. Ihm ist es zu verdanken, dass sich die vegetarische Küche und die Religion zu einer Einheit verbanden und weite Verbreitung fanden. Aus diesen Anfängen entwickelte sich in der Folgezeit die Tempelküche.

Das vegetarische Essen in China ist somit nicht rein religiösen Ursprungs. Das chinesische Volk verfügte schon seit alten Zeiten über Erfahrung und Wissen in der richtigen und gesunden Ernährungsweise und wusste, dass die vegetarische Küche ein gesundes Leben garantiert. «Fische bringen innere Hitze, Fleisch sorgt für den Auswurf, Gemüse (Chinakohl) und Tofu garantieren die Gesundheit» – diese Weisheit ist im ganzen Volk bekannt. So ist die vegetarische Küche das Resultat jahrhundertelanger Erfahrungen und ein fester Bestandteil der chinesischen Kultur.

Es lässt sich nicht bestreiten, dass die Tempel einen grossen Anteil an der Entwicklung des vegetarischen Essens hatten. Viele ihrer bekannten Gerichte wurden erstmals in den Tempeln kreiert. So wurde beispielsweise der Feuertopf ursprünglich zur Winterszeit in den taoistischen Tempeln in den Bergen zubereitet. Zahlreiche Köche vegetarischer Restaurants pflegen immer noch eine enge Beziehung zu den Tempeln, und auch umgekehrt haben Mönche vegetarische Speisen über Restaurants weiter verbreitet und bekannt gemacht.

Die vegetarische Küche aus ernährungswissenschaftlicher Sicht

Früher war die Ansicht weit verbreitet, dass Fleisch ein unerlässlicher Bestandteil unserer Ernährung sei und der Verzicht darauf zu Mangelerscheinungen führen würde. Mittlerweile haben wissenschaftliche Untersuchungen und praktische Erfahrungen bewiesen, dass eine ausgewogene vegetarische Kost alle Voraussetzungen für eine gesunde Ernährung erfüllt. Auf dem chinesischen Speisezettel nimmt Tofu einen sehr wichtigen Platz ein. Und dieses Sojabohnenprodukt wird nicht umsonst «das Fleisch ohne Knochen» genannt.

Durch die Entwicklung in Wissenschaft und Gesellschaft wird der Wert der vegetarischen Ernährung mehr und mehr anerkannt. So führt unter anderem der tiefere Cholesterin- und Fettgehalt zu einer Verringerung der Kreislaufkrankheiten, wie beispielsweise der Arteriosklerose. Der hohe Zellulosegehalt verstärkt die Darmperistaltik und verbessert die Ausscheidung giftiger Stoffwechselprodukte. Wissenschaftliche Untersuchungen bewiesen das Vorkommen von Anti-Virussubstanzen in chinesischen Stroh- und Blumenpilzen. Zudem zieht das vegetarische Essen eine Veränderung der Lebensgewohnheiten nach sich, was dem Wohlbefinden, der Gesundheit und der Schönheit zuträglich ist.

Immer mehr Menschen erkennen den Wert der vegetarischen Ernährung und sehen sie als einen Weg zu einer gesünderen Lebensweise. Da wir in der westlichen Welt nicht über eine ungebrochene Tradition vegetarischen Essens verfügen, wie dies in China der Fall ist, fehlen uns die nötigen Kenntnisse für eine schmackhafte und abwechslungsreiche vegetarische Küche. Das vorliegende Buch soll helfen, diese Lücke zu schliessen.

Gemüse

Blattgemüse

Senfkohl

Ein dunkel- bis jadegrünes Kohlgemüse, das es in verschiedenen Sorten gibt. Alle schmecken leicht bitter. Sie können durch Endiviensalat oder römischen Salat (Lattich) ersetzt werden. Zur Zubereitung lässt man 1 kg Salat in 2 EL Salz etwa 20 Minuten ziehen. Dann waschen und gut abtropfen lassen. Die Stengel blanchieren und klein schneiden. Mit Gewürzsauce übergiessen und kalt anrichten. In der feinen chinesischen Küche verwendet man Blätter und Stengel getrennt. Die Stengel werden vor allem gebraten, für Suppen verwendet oder süss-sauer zubereitet.

Chinesischer Blütenkohl, «Gemüseherz»

Im Aussehen ähnlich wie Chicorée, die Blätter stark gerippt und mit krausen Rändern. Das Gemüse besitzt keinen besonders ausgeprägten Eigengeschmack; es ähnelt dem Chinakohl und kann durch Mangold oder Blattspinat ersetzt werden. Da Blütenkohl in Holland angebaut wird, ist er in vielen Geschäften mit asiatischen Produkten erhältlich. Er wird meistens gebraten oder in Suppen zubereitet.

Bok-Choy, Pak-Choy

Zartes Gemüse mit weissen, 30 cm langen, glatten, fleischigen Stengeln und grossen runden, stark gerippten, dunkelgrünen Blättern. Bok-Choy ist sehr wasserhaltig und von feinem, fruchtigem Geschmack. Er wird zum Braten und in Suppen verwendet. Als Ersatz eignen sich grüner Salat und zarter Chinakohl.

Chinakohl

In China unterscheidet man drei Sorten: Neben dem auch bei uns bekannten länglichen Chinakohl gibt es noch eine Sorte mit runder Form und eine weitere, kleinere, etwa faustgrosse Sorte. Diese kleine Variante hat den besten Geschmack.

Chinesischer Weisskohl

Chinesischer Weisskohl hat eine flach-runde Form und ist lockerer als hiesiger Weisskohl. Im Geschmack ist er dem Spitzkohl sehr ähnlich. Es gibt ihn in verschiedenen Grössen, von denen die kleineren als die aromatischeren gelten. Er wird pfannengerührt oder als Salat serviert.

Chinesischer Schnittlauch

Dieses Gemüse aus der Zwiebelfamilie hat schmale, flache Blätter und ist von der Grösse einer Frühlingszwiebel. Es gelangt in zwei Varianten auf den Markt: zum einen als Freilandgewächs und zum anderen als Bleichschnittlauch. Letzterer gilt als Edelgemüse und ist milder im Geschmack als sein schärferer grüner Verwandter. Chinesischer Schnittlauch wird für Füllungen und für pfannengerührtes Gemüse verwendet und kann durch Lauchzwiebeln (Frühlingszwiebeln) ersetzt werden.

Lotosblätter

Die runden Blätter der Wasserlilie sind von unterschiedlichem Durchmesser und haben einen säuerlichen Geschmack. Frische Lotosblätter harmonisieren Aroma und Geschmack einer Speise. Getrocknet werden sie als Umhüllung für Reis- und Süssspeisen verwendet, die dann im Dampf gegart werden. Getrocknete Lotosblätter können eventuell durch Bambusblätter ersetzt werden.

Süsskartoffelblätter

Dies sind herzförmige, dem Efeu ähnliche Blätter mit etwa 10–15 cm langen Stengeln. Ihr Geschmack ist dem des grünen Salats ähnlich. In China galten die Blätter früher als das Gemüse der armen Leute. Auch als Viehfutter fanden sie Verwendung. Heute erfreut sich dieses Gewächs wieder grosser Beliebtheit und gilt als gesund und nahrhaft.

Chrysanthemenblätter

Die Blätter der bei uns als Zierpflanze bekannten Chrysantheme sind von zartem, frischem, spinatähnlichem Geschmack. Beim Feuertopf werden sie kurz in den heissen Sud getaucht und dann sofort mit Sauce gegessen. Anstelle von Chrysanthemenblättern können Spinatblätter verwendet werden.

«Kleines Weissgemüse»

Ein Blattgemüse mit ähnlichem Aussehen wie der römische Salat. Die Stiele sind weiss, kurz und breit und haben hellgrüne, glatte Blätter. Leicht bitterer Geschmack. Das Gemüse ist in China sehr verbreitet. Als Ersatz kann man Blattsalat nehmen.

Purpurgemüse

Ein Blattgemüse, dessen Blätter auf der Unterseite purpurfarben sind. Ihr Geschmack ist leicht bitter.

Löwenzahn

In der chinesischen Küche wird Löwenzahn gebraten. Gemüse und Sauce verfärben sich nach dem Kochen dunkel. Von langen, grossen Löwenzahnblättern werden die Stiele bevorzugt. Man bereitet sie wie Gurken zu. Früher galt Löwenzahn als Entenfutter.

Schneegemüse, «Sommerrettichblätter»

Wegen ihrer feinen Härchen und ihres bitteren, scharfen Geschmacks sind die Blätter dieses Gemüses roh nicht geniessbar. Sie müssen etwa 4 Stunden in die doppelte Menge Wasser eingelegt werden, dem man pro Liter Wasser 2 EL Salz zugibt. Herausnehmen und gut durchkneten. Dann waschen und schleudern. Das Gemüse wird meistens pfannengerührt.

Chinesischer Spinat

Im Unterschied zum europäischen Spinat hat der chinesische Spinat lange Blätter und Stiele. Er ist weicher und gibt beim Kochen mehr Wasser ab. Im Geschmack ist er weniger kräftig. Er wird mit Tofu pfannengerührt, zum Feuertopf gereicht oder als Salat zubereitet.

Olivengemüse

Eine chinesische Kohlart, im Geschmack dem Broccoli sehr ähnlich, aber mit birnenförmigen, sehr knackigen Blättern. Es ist ein Wintergemüse, das sehr teuer ist. Olivengemüse wird pfannengerührt.

Kong-Chin-Tsai, Kong-Lung

Eine Gemüsepflanze, die im Wasser wächst, mit etwa 10 cm langen und 2–3 cm breiten, lanzettförmigen Blättern, deren Stiele hohl sind. Der untere Teil der Stiele ist sehr hart und wird nicht verwendet. Das Gemüse wird pfannengerührt und als Salat verwendet. Neuerdings wird es auch in den Niederlanden angebaut.

«Drachenbarthaargemüse»

Dies sind die Blätter einer Kletterpflanze. Typisch sind die haarfeinen, eingerollten Greiftriebe. Die Blätter sind knackig bis leicht hart und im Geschmack etwas bitter.

Bocksdornblätter

Dieses Gemüse wird wegen seines kräftigen Aromas wie Kräuter zum Würzen verwendet. An einem langen Stiel sitzen einzelne kleine Blätter, die man abzupft und je nach Rezept verwendet. Im Geschmack ist es dem Basilikum ähnlich, das man auch als Ersatz nehmen kann.

Bittergemüse

Ein Gemüse mit bis zu einem Meter hohem, kräftigem Strunk, der unten etwa 10 cm dick ist. Ein Stück kann bis zu 2–3 kg wiegen. Die Blätter ähneln denen des Sellerie. Sie werden kleingeschnitten und blanchiert. Nach dem Abtropfen füllt man sie heiss in eine Reisschale. Die Reisschale auf einen Teller stürzen, beschweren und einen Tag stehen lassen. So zubereitet, entwickelt das Bittergemüse ein sehr starkes, stechendes Aroma wie Senf (Wasabi-Gewürzsauce). Es kann kurzgebraten oder als Beilage zu Salat verwendet werden. Der Strunk eignet sich für Suppen und Salate oder, mariniert in Salz, Sojasauce, Reiswein und Zukkerwasser, als Beilage zur Reissuppe.

«Frühlingsduftgemüse»

Ein Würzgemüse mit kleinen, lanzettförmigen Blättern und Sesam-Aroma. Es wird fast ausschliesslich für Salate und Gerichte mit Tofu verwendet.

Wurzel- und Knollengemüse

Taro

Taro ist eine grobfaserige, kartoffelähnliche Wurzelknolle. Es gibt sie in verschiedenen Grössen und Sorten. Eine kleine Variante ist leicht süsslich und in ihrer Beschaffenheit der Kartoffel ähnlich. Die Taroknolle wird geschält und kann dann geschmort, gebraten, für Suppen verwendet oder zu Gebäck verarbeitet werden. Die Blätter der Taropflanze sind denen des Sellerie ähnlich, im Geschmack jedoch neutral. Sie eignen sich zum Braten und für Suppen: Grosse Taroblätter wurden früher in China benützt, um darin Fleisch und Fisch einzupacken.

Rettich

Neben dem weissen Rettich, der in China vor allem in gurkenförmigen bis runden Formen angeboten wird und den man sehr oft für Dekorationen benützt, gibt es den grünen Rettich. Er hat eine bräunlich-grüne Schale und grünes Fruchtfleisch. Sein Aroma ist stechend scharf. Roter Rettich hat die Grösse von Tomaten und wird oft zu Dekorationsblumen geschnitten.

Maniok (Cassava, Tapioka)

Maniok ist ein Knollengemüse mit bräunlicher, leicht behaarter, rindenähnlicher Schale. Maniokwurzeln werden bis zu 1 Meter lang. Ihr Fleisch ist weiss und mehlig und von kartoffelähnlichem Geschmack. Die Knolle enthält Blausäure und kann roh nicht gegessen werden. Das Gewächs wird für Suppen verwendet und hat ebenfalls seinen Platz in der chinesischen Naturheilkunde.

Goduwurzel

Ein der Schwarzwurzel ähnliches Gemüse von 50–70 cm Länge mit faserigem Fleisch und bambusähnlichem Geschmack. Es wird in feinste Streifen geschnitten und als Salat oder Suppeneinlage verwendet.

Yamswurzel, «Weisse-Berge-Gemüse»

Ein Wurzelgemüse von weisslicher Färbung mit braunorangen Flecken. In Form und Beschaffenheit ist die Wurzel der Karotte ähnlich. Ihr Geschmack ist neutral. Man kocht sie in Suppen und verwendet sie auch in der Naturheilkunde.

Bambus

Man unterscheidet Sommer- und Winterbambus. Sommerbambus ist weich und zart. Er ist sehr wasserhaltig, milchfarben und von leicht süssem Geschmack. Kleine Stücke werden geschmort, grosse in Suppen verwendet. Winterbambus ist härter, das Fleisch ist zäher, und der Geschmack ist etwas bitter. Winterbambus ist ein teures Gemüse und wird meistens gebraten.

Weisser Bambus

Es sind dies dem Lauch (Porree) ähnliche Sprossen eines Schilfgrases. Gegessen wird nur der untere, weisse Teil. Das Fleisch hat die Beschaffenheit von Bambus, ist zart und schmeckt süsslich.

Wasserkastanie (Wassernüsse)

Die Wasserkastanie ist eine Sumpfpflanze, die in stehenden Gewässern kultiviert wird. Jung geerntet, hat sie eine hellbraune Schale. Ältere Wasserkastanien sind von dunkler, rötlichbrauner Farbe und werden auf den Märkten in einer erdigen Kruste angeboten. Diese hält das Fruchtfleisch auch ohne Kühlung lange frisch und saftig. Die Zubereitungsmöglichkeiten sind vielfältig. Die Knolle wird auch, zu Mehl gemahlen, als Binde- und Andickmittel für Teig verwendet. Bei uns sind Wasserkastanien nur als Konserve erhältlich.

Weisskartoffel

Äusserlich gleicht die Weisskartoffel der Zwiebel. Die Schale wird wie bei einer Banane abgezogen. Das Fruchtfleisch ist ganz weiss, fest, saftig und zart-süss. Sie wird wie Obst roh gegessen oder wie Wasserkastanien zubereitet.

Lotoswurzel

Die Lotoswurzel ist der rotbäunliche, knollenförmig unterteilte Stengel der Wasserlilie. Das Fruchtfleisch ähnelt dem der Kartoffel, ist aber von feinerem Geschmack. Es wird gebraten, in Suppen gekocht und zu Desserts und Süssspeisen verarbeitet.

Hülsenfrüchte

Chinesische Jahresbohnen

Diese chinesische Bohnenart ist sehr dünnen grünen Bohnen ähnlich, aber viel länger. Sie werden pfannengerührt und als Salat serviert. Man kann sie auch in Gewürzsauce einlegen (sie schmecken dann wie saure Gurken) und wie Sauergemüse verwenden.

Chinesische rote dicke Bohnen

Im Geschmack sind diese Bohnen den weissen Bohnen sehr ähnlich. Man verwendet sie für Suppen oder verarbeitet sie zu Kuchen oder Süssspeisen.

Chinesische gelbe Bohnensprossen und Mungobohnensprossen (Lunja)

Diese Bohnensprossen sind ein beliebtes chinesisches Gemüse. Es eignet sich für pfannengerührte Gerichte, Salate, Suppen und als Füllung für Frühlingsrollen. Geschmacklich unterscheiden sich die beiden Sorten kaum. Der Kern der gelben Bohnensprossen ist etwas grösser als der der Lunja. Lunjas lassen sich gut in Gewürzsauce einlegen und mit etwas Öl servieren.

Chinesische Bohnenschoten

Dieses Gemüse ähnelt den Zuckererbsen (Kefen), das heisst, es sind Bohnen mit kaum entwickelten Kernen. Ihre Hülsen sind flach und fleischig. Die Ränder sind leicht purpurfarben. Sie sind etwa zweimal so gross wie Zuckererbsen. Im Geschmack sind sie wie grüne Bohnen. Sie werden pfannengerührt serviert.

Chinesische Kaiserbohnen

Sie sind doppelt so gross wie dicke Bohnen und von ähnlichem Geschmack. Der Kern ist von einer glänzenden Schutzhaut umgeben. Sie werden als Süssigkeiten zubereitet, geschmort oder in Suppe serviert.

Chinesische Härchenbohnen

Diese feinen, länglichen, grünen Bohnenkerne von etwa 1 cm Länge sind im Geschmack wie gelbe Bohnen. Sie gelten in China als Edelgemüse und werden meistens geschmort.

Chinesische Seidenbohnen

Seidenbohnen sind kleiner als dicke Bohnen und geschmacklich feiner. Sie sind von grünlicher Färbung und leicht süsslich. Dieses Edelgemüse wird gebraten und geschmort serviert.

Frucht- und Kürbisgemüse

Chinesischer fünfeckiger Kürbis

Ein Kürbisgemüse in Gurkengrösse, mit mehreren ausgeprägten Längskanten. Das Fruchtfleisch ist grünlich, weich, wässrig und leicht süss. Es wird geschmort oder in Suppe gegart.

Chinesischer Winterkürbis

Es gibt zwei Sorten davon: Der junge Winterkürbis ist äusserlich einer grossen Zucchini ähnlich. Die Schale ist weich und fein behaart. Das Fruchtfleisch ist von weisslich-grüner Farbe, saftig und im Geschmack den Zucchini ähnlich. Es wird geschmort oder in Suppe gegart. Der ausgewachsene Winterkürbis ist ein sehr grosses, rundes Gewächs mit einem Gewicht von bis 50 kg. Aussen grün, glänzend und hart, mit saftig-weissem Fruchtfleisch von feinem Geschmack. Das Kürbisfleisch ist vielfältig verwendbar. Es kann mit Zukker glasiert und zu Süssspeisen verarbeitet werden; es wird aber ebenso geschmort und als Suppe zubereitet. Bei festlichen Anlässen wird die Suppe in einer gedämpften Melonenschale angerichtet. Kürbisfleisch lässt sich auch zu Saft verarbeiten.

Bittermelone

Das gurkenähnliche Kürbisgemüse ist in zwei Varianten erhältlich: in rundlicher Form mit weisser Schale und in länglicher Form mit grüner Schale. Die Schale beider Sorten ist glänzend und sehr zerfurcht. Das Gemüse wird in Suppe gegart, gedämpft, geschmort, gebraten oder als Salat zubereitet. Wegen ihres Chi-

ningehalts hat die Bittermelone zunächst einen stechend-bitteren Geschmack, der dann aber erfrischend wirkt. Zur Zubereitung längs aufschneiden und das weiche Fruchtfleisch und die rötlichen Kerne entfernen. Die Hälften blanchieren, um den bitteren Geschmack zu mildern, und nach Rezept weiterverarbeiten.

Chinesischer stumpfer Kürbis

Die junge schwammähnliche Kürbisfrucht hat eine weiche, grüne Schale mit dunklen Längsstreifen. Sie ist sehr saftig und von süsslichem Geschmack. Sie wird in Suppe gegart oder geschmort. Aus alten Früchten werden Badeschwämme hergestellt.

Dudhi

Ein längliches, bis 60 cm langes Kürbisgemüse. Die Schale ist hellgrün und durchscheinend, das Fruchtfleisch weiss und fest mit grünlichen Kernen. Die Kerne der jungen Früchte kann man essen. Im Geschmack ist der Dudhi der Zucchini ähnlich. Er wird als Suppe zubereitet, geschmort oder gedämpft. Aus alten Dudhi-Kürbissen, deren Schalen verholzt sind, werden in China Löffel, Gefässe und Trinkflaschen hergestellt.

Auberginen

In Asien gibt es nicht nur die uns bekannte violette Aubergine, sondern eine Vielfalt von Formen und Farben. Ihr Fruchtfleisch enthält mehr Wasser, und damit ist die Garzeit entsprechend kürzer. Sie werden gebraten, geschmort, fritiert oder als Salat zubereitet.

Gurken

Die Auswahl an Gurken ist in China sehr gross. Für Suppen und Salate verwendet man am häufigsten die gelbe Gurke; sie ist unserer Gemüsegurke ähnlich. Beliebt ist auch die chinesische Kleingurke; sie eignet sich für Salat, kann aber auch gebraten werden. Beide Sorten enthalten sehr wenig Kerne und viel

Fruchtfleisch. Eine weitere Sorte, die chinesische Salzgurke, hat eine sehr harte Schale und hartes Fruchtfleisch. Sie ist roh nicht geniessbar. Man legt sie mindestens sechs Monate in Salzwasser und Gewürzen ein und serviert sie dann zum Frühstück als Beilage zur Reissuppe.

Chayote, «Betende-Hand-Gemüse»

Dieses hellgrüne bis hellgelbe Fruchtgemüse ist birnenförmig, mit gefurchter Oberfläche und mit grossem, weichem Kern, der nicht gegessen wird. Das Fruchtfleisch ist gurkenähnlich, im Geschmack wie Rettich. Chayote wird in Suppe gekocht.

Stielgemüse

Stangensellerie

Chinesischer Stangensellerie ist sehr jung und zart. Die Stengel sind deutlich dünner und mit Frühlingszwiebeln vergleichbar. Im Geschmack ist er kräftiger als der bei uns bekannte. Serviert wird er als Salat oder als pfannengerührtes Gericht. Man braucht ihn ebenfalls zum Bestreuen von Suppe. Er würzt und dekoriert zugleich.

Lauchblütensprossen

Die Blütentriebe des Lauchs (Porree) sind halmartig und etwa 30–50 cm lang. Geschmacklich sind sie dem Spargel ähnlich. Das knackige, saftige Gewächs gilt als Edelgemüse.

Schnittlauchblütensprossen

Die Blütentriebe der chinesischen Schnittlauchpflanze haben einen zart-scharfen Geschmack, der dem des Lauchs (Porree) ähnlich ist. Die Blütentriebe werden mit fritiertem Tofu gebraten.

Spargel

In China gibt es ebenfalls weissen und grünen Spargel. Er wird gebraten und in Suppe gegart. Spargelsaft ist ein beliebtes Sommergetränk.

Pilze

Pilze sind in der chinesischen Küche wegen ihres speziellen, charakteristischen Geschmacks und wegen ihrer Struktur unentbehrlich.

Lilienpilze (Enoki)

Dies sind garbenartig wachsende kleine, zarte, weissliche Pilze mit sehr feinem Aroma. Sie werden in Suppe gekocht, als Salat zubereitet oder zum Feuertopf gereicht.

Blumenpilze

Blumenpilze werden in sehr unterschiedlichen Grössen, Qualitäten und Preisen angeboten. Das beste Aroma haben die Pilze, deren Hut möglichst gross und dick ist. Gezüchtet werden sie in China, Korea, Japan und Taiwan.

Strohpilze

Diese champignonähnlichen, kleinen Pilze werden auf Reisstroh gezüchtet. Sie sind schmackhafter als Champignons. Der Strohpilz findet auch in der chinesischen Naturheilkunde Anwendung.

Holzohrenpilze (Wolkenohrenpilze)

Dieser unregelmässig geformte, braune, etwa handtellergrosse Speisepilz ähnelt nach dem Einweichen einer Ohrmuschel, daher sein Name. Er ist von zartem, sehr speziellem Geschmack und knackiger Beschaffenheit. Er wird zusammen mit Gemüse gebraten oder in Suppe mitgekocht. Eine Variante ist der weisse Holzohrenpilz.

Jadepilze

Ein kleiner, büschelartig wachsender Speisepilz mit bräunlichem Hut und weisslichem Stiel. Sein Geschmack ist fein. Er wird mit Reis gebraten oder in Suppe mitgekocht.

Alle Pilze müssen vor dem Gebrauch eingeweicht werden.

Getrocknete Lebensmittel

Rote Bohnen

Getrocknete rote Bohnen werden zuerst eingeweicht und dann gekocht. Sie werden, mit Zucker vermischt, zu Süssspeisen und Füllungen für Gebäck verarbeitet und können auch als Beilage zu Reissuppe gereicht werden.

Gelbe Bohnen

Sie sind ein wichtiges Grundnahrungsmittel in der chinesischen Küche und Ausgangsprodukt für alle Lebensmittel auf Sojabasis. In der vegetarischen Küche werden gelbe Bohnen dank ihres hohen Eiweissgehalts als Fleischersatz verwendet. Tofu, Tofublätter, Tofumaultaschen, Tofuschinken, Tofumilch sind Sojaprodukte. In der chinesischen Küche werden die gelben Bohnen zur Herstellung von Gemüsebouillon gebraucht, die zur Zubereitung fast aller Gerichte benötigt wird.

Tofublätter

Sie werden durch das Kochen von Tofumilch hergestellt. Wie beim Kochen von Kuhmilch bildet sich auf der Oberfläche eine Haut. Diese wird abgezogen und getrocknet. Die Tofublätter werden vor Verwendung eingeweicht und dann entweder als Teighülle für Frühlingsrollen verwendet oder, zerkleinert, zusammen mit Gemüse oder in Suppe zubereitet.

Gepresster Tofu

Frischem Tofu wird unter Druck das Wasser entzogen, und dann wird er getrocknet. Gepresster oder getrockneter Tofu gelangt in verschiedener Form in den Handel; selbst in der Form von Fischen oder Geflügel wird er angeboten. Gepresster Tofu hat die Beschaffenheit eines harten Karamelbonbons. Vor Gebrauch wird er, wenn nötig, geschnitten und gewaschen und dann gebraten, geschmort oder in Suppe gekocht.

Glasnudeln, Glasnudelblätter

Glasnudeln sind ein Sojabohnenprodukt. Die Haut der Sojabohnen wird abgezogen und gemahlen. Das Mehl wird, mit Wasser vermischt, zu Nudeln und Teigblättern weiterverarbeitet.

Teighüllen

Teighüllen für Frühlingsrollen bestehen aus Weizenmehl, Wasser, Öl und Salz; Wan-Tans werden mit Kartoffelmehl hergestellt. Sie sind als rechteckige oder kreisförmige Teigblätter im Handel und auch tiefgekühlt erhältlich. (Rezepte für Frühlingsrollen Seite 30, Wan-Tans Seite 29, 36.)

Mehlklösschen

Sie sind ein wichtiger Bestandteil der vegetarischen Küche und dienen als Fleischersatz. Hergestellt werden sie aus Weizenmehl. Die Mehlklösschen werden in heissem Wasser eingeweicht, ausgedrückt und mit Gemüse oder in Suppe gegart, geschmort oder mit einer Füllung fritiert. Im Handel sind sie getrocknet oder als Konserve erhältlich.

Der Teig wird wie folgt hergestellt: In einer Schüssel 1½ RS Wasser und 1 EL Salz mischen und zu einem glatten, ziemlich harten Teig verarbeiten. Den Teig sorgfältig durchkneten und dabei nach und nach Öl (insgesamt ½ RS) zugeben, bis der Teig elastisch und weich ist. Eine Stunde zugedeckt stehen lassen. Danach fest in ein dünnes, poröses Tuch einschlagen und unter fliessendem Wasser kneten und pressen. Das Mehl wird dadurch ausgewaschen und nur der Kleberanteil des Weizenmehls bleibt zurück. So lange weiterkneten, bis das abfliessende Wasser klar bleibt. Der Teig hat nun eine ähnliche Beschaffenheit wie weicher Kaugummi. Das restliche Wasser ausdrücken. Den Teig in kleinen Stücken aus dem Tuch nehmen und zu Klösschen formen. Diese sofort in mittelheissem Öl fritieren. Sie sinken zunächst auf den Boden und steigen dann wieder an die Oberfläche, wobei sie aufgehen. Eventuell mit einer Schöpfkelle nochmals kurz nach unten drücken, bis die Klösse auch innen gar sind. Herausnehmen und abtropfen lassen. In China lässt man die frischen Mehlklösschen im Sommer 3–5 Tage trocknen und lagert sie dann für das kommende Jahr. Vor der Zubereitung werden sie eingeweicht. Mehlklösschen der besten Qualität sind rund, sehr leicht und innen hohl.

Klebereismehl

Klebereis wird in Wasser eingeweicht und dann gemahlen. Der Reis-Wasser-Mischung wird das überschüssige Wasser entzogen, und die entstandene Masse – sie ähnelt frischem Schafskäse – wird dann zu Mehl verarbeitet. Aus dem Klebereismehl kann man viele Mehlspeisen zubereiten, wie Klebereiskuchen oder Klebereisklösschen.

Reisnudeln

Reisnudeln werden aus Langkornreis, Wasser und Salz hergestellt. Der Reis wird zunächst gekocht, dann zu Teig gemahlen und gewürzt. Die Herstellung ist sehr kompliziert und umfasst viele Arbeitsgänge; auch wird zum Trocknen sehr viel Platz gebraucht. Eine Herstellung in der Restaurantküche oder im Haushalt ist deshalb nicht möglich. Reisnudeln gibt es in verschiedenen Sorten von unterschiedlicher Qualität; schlechtere Qualitäten sind mit Weizenmehl gestreckt. Sie sind in der Form meist spaghettiähnlich und in verschiedenen Stärken erhältlich. Die dickeren werden gebraten und die dünneren Sorten für Suppen verwendet.

Lilienblütenknospen, «Goldnadeln»

Die getrockneten Knospen dieser chinesischen Lilienart werden in heller und dunkler Tönung angeboten. Vorzuziehen sind die helleren.

Lotoskerne

Lotoskerne sind von weisser Farbe und ohne eigenes Aroma. Sie werden meistens für Desserts und Süssspeisen verwendet und sind auch als Konserve erhältlich.

Lotoswurzeln

Dies sind die getrockneten Stengel einer Wasserlilienart. Das frische Fleisch ähnelt dem der Kartoffel, ist aber delikater im Geschmack. Lotoswurzel ist in Scheiben geschnitten und in Tüten abgepackt im Handel erhältlich. Vor der Zubereitung muss sie in heissem Wasser eingeweicht werden. Die getrockneten Lotoswurzeln werden für die Zubereitung von Suppen bevorzugt; sie finden auch in der Naturheilkunde Anwendung.

Bambus

Bambus (Seite 13) wird meistens getrocknet verwendet, da er in dieser Form das ganze Jahr über erhältlich ist. Getrocknet werden die jungen Bambusstengel, die bei einer Höhe von etwa einem Meter geschnitten werden. Sie werden in Bündeln gehandelt. Vor Verwendung werden sie in kleinere Stücke geschnitten, in heissem Wasser gekocht (wobei die Kochzeit je nach Alter des getrockneten Bambus variiert) und anschliessend in Streifen zerteilt. Danach folgt die Zubereitung mit den anderen Zutaten.

Sechuangemüse, Wintergemüse

Der in Salz und Chili eingelegte und fermentierte Senfkohl (Seite 10) wird auch getrocknet verkauft. Vor der Zubereitung muss das Gemüse eingeweicht und dann gut gespült werden.

Nüsse und Kerne

Nüsse und Kerne, wie Cashewnüsse, werden mit Salz oder Zucker zubereitet und zwischen den Mahlzeiten geknabbert. Sie werden – gemahlen, eingeweicht, gekocht oder fritiert – auch als Zutat verschiedener Gerichte oder als Garnitur verwendet.

Gingkonüsse werden sehr oft als Naturheilmittel verwendet. Sie eignen sich als Bestandteil von Gemüsegerichten und sind als Konserve erhältlich.

Kandierte Früchte

Um Früchte wie Kakis, Orangen oder Wintermelonen zu kandieren, werden sie in Zuckerwasser gekocht und dann in der Sonne getrocknet. Man isst sie als Süssigkeiten, oder sie werden als Aroma für Gemüsegerichte und Suppen verwendet.

Longans, «Drachenaugen»

Diese nussartige Trockenfrucht ist frisch oder in Dosen erhältlich. Sie wird als Süssigkeit gegessen oder in Suppe mitgekocht.

Meerespflanzenprodukte

Seetang

Getrockneter Seetang ist ein in der asiatischen Küche sehr oft verwendetes Lebensmittel mit hohem Nährwert. Er wird in papierdünnen Platten getrocknet und ist im Handel in verschiedenen Grössen erhältlich. Eine andere Sorte Seetang wird kleingeschnitten, zu Platten gepresst und getrocknet. Seine Farbe ist dunkelgrün oder violett. Junger Seetang wird in kleinen Platten angeboten. Vor dem Gebrauch wird Seetang in heissem Wasser eingeweicht. Sein Volumen vergrössert sich um das Doppelte. Die Einweichzeit hängt vom Alter und der Qualität ab. Nach dem Einweichen wird der Seetang gut abgespült, und um die schleimige Schicht auf der Oberfläche zu entfernen, werden die Blätter mit einer Messerklinge abgezogen. Dann wird er kleingeschnitten und nach Rezept verarbeitet.

Haarseegras

Ein Seetangprodukt aus den Provinzen Hainan-Inseln und Tschindao, das wegen seiner interessanten Struktur verwendet wird. Es hat kein ausgeprägtes Aroma. Es wird wie Seetang eingeweicht und dann weiterverarbeitet.

Agar-Agar

Ein Produkt aus getrockneten Meeresalgen. Man verwendet es wie Gelatine. Es wird in dünnen, langen, weisslichen Streifen verkauft. Vor dem Gebrauch wird Agar-Agar in heissem oder kaltem Wasser eingeweicht.

Gewürze und Zutaten

Getrocknete Gewürze

Sternanis

Sternanis sind die getrockneten Früchte des aus China stammenden Sternanisbaums. Die Früchte sind sternförmig angeordnet und umschliessen je einen hellbraunen Samen. In China kennt man das Gewürz schon seit über 3000 Jahren. Seit dem 16. Jahrhundert ist es auch in Europa bekannt. Sternanis wird beim Gewürzkochen und zum Schmoren verwendet und ist ein Bestandteil des Fünfgewürzepulvers.

Sechuanpfeffer

Dieses Gewürz ähnelt den Körnern des schwarzen Pfeffers, hat aber eine rötlichbraune Färbung. Sein Charakter ist mild-pikant mit einem sehr angenehmen Aroma.

Süssholzwurzel

Das Lakritzgewürz stammt aus der Naturheilkunde und wird zusammen mit Obst und Obstsäften für Desserts und Süssigkeiten verwendet. Es kann auch zur Würzung von eingelegtem Gemüse gebraucht werden.

Kassie und Zimt

Der Zimtbaum stammt aus der Familie der Lorbeergewächse, und es gibt eine grosse Anzahl verschiedener Arten. Die bekanntesten sind der Ceylon- oder Echte Zimtbaum und die Kassie oder der Chinesische Zimtbaum. Bei den Kassienarten ist der Gehalt an ätherischen Ölen etwas geringer, und ihr Aroma ist etwas süsslicher. Zimt ist eines der ältesten Gewürze; es ist in China schon um 2800 v. Chr. in einem Kräuterbuch schriftlich erwähnt. Der chinesische Name für Zimt ist «Guai-pi». Die uns bekannten Zimtstangen sind die getrocknete und eingerollte innere Schicht der Rinde des Zimtbaums.

Chilipulver

Chilipulver wird aus Chilischoten hergestellt, die im Mörser zerstossen und dann getrocknet werden. Besonders in der Küche der Provinz Sechuan verwendet man viel Chili. Chiliöl wird mit Chilipulver hergestellt.

Sesam

Sesamkörner sind die Samen der einjährigen Sesampflanze, die bis zu einem Meter hoch wird und dem Fingerhut ähnelt. Sie reifen in 2–3 cm langen Fruchtkapseln heran, sind eiförmig, bis 4 mm lang, schmekken nussähnlich und enthalten über 50 % Öl. Sesam ist eine der ältesten Kulturpflanzen, die vor allem wegen des Öls angebaut wurde. China ist heute einer der grössten Sesamproduzenten der Welt. In der chinesischen Küche wird Sesam für Süssspeisen und als Gewürz für Salate verwendet. Er ist Ausgangsprodukt für Sesamöl und Sesampaste.

Fünfgewürzepulver

Diese bräunliche Gewürzmischung spielt in der chinesischen Küche eine wichtige Rolle. Normalerweise verwendet man eine fertige Mischung von Sternanis, Anispfeffer, Sechuanpfeffer, Nelken, Zimt und Süssholzwurzel. Die Mischung duftet sehr stark und ist süsslich-scharf. Das Aroma variiert je nach Mischverhältnis und Hersteller. Man kann die Mischung auch aus den einzelnen Gewürzen selbst herstellen.

Chinesische Gewürzmischung

Diese Gewürzmischung ist ähnlich zusammengesetzt wie das Fünfgewürzepulver. Allerdings sind die Bestandteile ganze, getrocknete Gewürze, hauptsächlich Sternanis, Sechuanpfeffer, Zimt, Ingwer, Fenchel, Nelken, Süssholz, Kardamom und Mandarinenschalen. Es gibt zahlreiche Varianten. Man kann sich die

Gewürzmischung auch individuell zusammenstellen. Sie wird vor allem zum Gewürzkochen gebraucht.

Curry

Curry ist eine Gewürzmischung, die ursprünglich aus Indien stammt und in der chinesischen Küche seit Jahrhunderten bekannt ist. Besonders in den südchinesischen Provinzen Kanton, Hongkong und Taiwan ist das Gewürz sehr beliebt. Der Geschmack von Curry variiert je nach dem Mischverhältnis der Zutaten. Er wird aus Ingwer, Koriander, Kardamom, Kurkuma, Kümmel, Muskatblüte, Nelke, Pfeffer und Zimt hergestellt. Die gelbe Farbe erhält er von der Gelbwurzel (Kurkuma). Man braucht Curry vor allem zum Schmoren und für Gebäck.

Glutamat

Erstmals um die Jahrhundertwende aus einer Alge isoliert, die schon lange zum Würzen verwendet wurde, hat Glutamat in der asiatischen Küche eine lange Tradition als Geschmacksverstärker. Es handelt sich dabei um ein geruchloses Salz der Glutaminsäure, das, in geringen Dosen verwendet, den Geschmack aller Speisen intensiviert.

Frische Gewürze

Ingwer

Ingwer ist die Wurzelknolle einer alten chinesischen Kulturpflanze. Sie kommt in zwei Sorten auf den Markt, als junger und als alter Ingwer. Der junge Ingwer wird im Frühjahr geerntet und im Sommer getrocknet; dann wird er in eine Mischung aus Wein, Zucker, Essig und Wasser eingelegt und muss ein Jahr lang darin ziehen. Frisch schmeckt junger Ingwer scharf, ist saftig und knackig. Süss-sauer eingelegt ist er weniger scharf. Man serviert ihn zu süss-sauren Gerichten. Zum Einmachen und Aromatisieren von Gemüse wird alter Ingwer verwendet, ebenso zur Zubereitung von Chili-

sauce, süsser Bohnensauce, Sojabohnenpaste und Sambalsauce. In China gehört in fast jede gebratene, gedämpfte oder geschmorte Speise Ingwer.

Zur Aufbewahrung kann man frischen Ingwer in ein feuchtes Tuch einschlagen, im Kühlschrank lagern oder in ungekochten Reis legen. Man kann ihn auch in einen Blumentopf mit Erde stecken, die man ab und zu begiesst. Wenn die ersten Sprossen zum Vorschein kommen, kann man die Wurzel beschneiden und den Rest wieder einsetzen.

Knoblauch

Knoblauch wird in der chinesischen Küche ebenso häufig verwendet wie Ingwer. In vielen Provinzen Chinas besteht das Frühstück aus Reissuppe mit einer Beilage aus frischem Knoblauch, Chilischoten und Frühlingszwiebeln – eine Kombination, die gesundheitsfördernd und appetitanregend sein soll. In fast jedem Haushalt wird Knoblauch in Wein und Gewürzen eingelegt. Knoblauch wird vor allem zum Braten und für kalte Platten verwendet.

Frühlingszwiebel

Die Frühlingszwiebel ist ebenfalls ein Grundgewürz in der chinesischen Küche. Bei der Verwendung wird deutlich zwischen dem weissen und dem grünen Teil unterschieden. Der weisse Teil wird zur Verfeinerung des Aromas gebraucht: Man brät ihn zusammen mit Ingwer an und löscht mit Bouillon ab. Der Sud wird abgegossen und weiterverwendet. Der grüne Teil der Frühlingszwiebel wird, feingehackt und streichholzdünn geschnitten, zur Dekoration und zur Geschmacksabrundung verwendet.

Chili

Chili gilt als appetitanregendes Gewürz. Es ist in vielen Gewürzsaucen enthalten. Frische Chilischoten werden milder, wenn man sie längs halbiert und die Kerne entfernt. Getrocknete ganze Schoten sind als Geschmacksträger beim Fritieren und Braten beliebt.

Würzsaucen

Sojasauce

Sie ist das wichtigste Würzmittel der chinesischen Küche. Sojasauce entsteht durch langsames Fermentieren von gelben Bohnen, Weizen, Gerste, Salz, Zucker, Hefe und besonderen Gewürzen und muss lange ausreifen. In China ist sie in vielen unterschiedlichen Varianten, von dünnflüssig bis melasseartig, von heller bis dunkler Färbung, erhältlich. Man unterscheidet sieben Hauptsorten: helle, dunkle, normale, scharfe, süsse, saure und Pilzsojasauce.

- *Helle und dunkle Sojasauce:* Beim üblichen Kochen der meisten Gerichte verwendet man die helle, zum Schmoren, wegen der Farbe, die dunkle Sojasauce. Die helle Sojasauce wird auch als Speisewürze zum Nachwürzen bei Tisch gereicht. Die beiden Sorten unterscheiden sich in der Intensität des Sojageschmacks.
- *Scharfe Sojasauce* wird für Salate und zum Braten von Tofu gebraucht.
- *Süsse Sojasauce* findet bei Speisen mit wenig Eigengeschmack Verwendung. Sie stammt aus Indonesien und wurde dort von Auslandchinesen entwickelt. Zu ihrer Herstellung wurde ursprünglich normale Sojasauce mit karamelisiertem Zucker gemischt.
- *Saure Sojasauce* wird für die Zubereitung von süsssaurem Gemüse verwendet. Sie wird in Tsenjan hergestellt.
- *Pilzsojasauce* wird statt aus gelben Bohnen aus Strohpilzen (Seite 15) hergestellt. Im Geschmack ist sie feiner und aromatischer als die normale Sojasauce.

Braune Bohnenpaste (Sojabohnenpaste)

Ein hochkonzentriertes, scharfes, püreeartiges Produkt, das aus gelben Bohnen, Weizenmehl, Salz, Wasser, Hefe und speziellen Gewürzen in einem Gärungsverfahren hergestellt wird. Es sind drei Varianten im Handel, die je nach Hersteller in Geschmack und Qualität variieren können:

- *Normale Bohnenpaste* wird, mit Gemüsebouillon oder Wasser angerührt, vor allem für Nudelgerichte verwendet.
- *Chili-Sojabohnenpaste* ist eine scharfe Paste, die aus Bohnensauce und Chilischoten hergestellt wird. Sie ist in der Küche der Provinz Sechuan beliebt.
- *Süsse Sojabohnenpaste* wird aus Bohnensauce, Zucker, Reiswein und Sesamöl hergestellt. Man kann sie selbst herstellen oder im Handel kaufen.

Gelbe Bohnenpaste (Miso)

Diese salzige, scharfe, püreeartige Sauce entsteht als Gärungsprodukt aus gemahlenen gelben Bohnen. Durch die verschiedenen Herstellungsarten ergeben sich unterschiedliche Qualitäten; die Farbe der Paste kann dunkel oder hell sein, und auch die Konsistenz variiert je nach Herstellungsprozess. Vor Gebrauch wird die Bohnenpaste mit Wasser angerührt.

Schwarze Bohnenpaste

Diese Paste wird aus ganzen, fermentierten Sojabohnen hergestellt. Ihr Geschmack ist stark und beissend. Nach dem Einweichen und Spülen wird sie zusammen mit Knoblauch oder Ingwer zu einer Sauce gerührt.

Sachachiang-Sauce

Eine Gewürzsauce aus Nussöl, Wasser, Knoblauch, Schalotten, Salz, Zucker und Chili. Man verwendet sie für Suppen, Salate und zum Braten. Ursprünglich stammt diese Sauce aus Malaysia, in China ist sie seit einigen Jahrzehnten bekannt. Besonders beliebt ist sie zum mongolischen Feuertopf.

Sesampaste

Sesampaste wird aus sehr fein gemahlenen Sesamsamen hergestellt und ist in ihrer Konsistenz ähnlich wie Erdnussbutter. Sie ist in Gläsern oder Dosen erhältlich.

Man verwendet sie vor allem für Salate und Nudelgerichte. Vor dem Gebrauch wird die Paste mit warmem Wasser angerührt.

Wasabi

Wasabi ist ein sehr scharfes, grünes Meerrettichpulver. Es stammt ursprünglich aus Japan. Man verrührt 2 EL Wasabipulver mit 3–5 EL handwarmem Wasser und lässt die Mischung zugedeckt 20 Minuten an einem warmen Ort ziehen. Das Gewürz wie Senf verwenden.

Chilisaucen

Sambal ist eine sehr scharfe, dickflüssige Würzsauce aus Chilischoten und Chilikernen, Gewürzen, Salz und Reiswein. Eine etwas dünnflüssigere Variante ist die *Chilisauce,* die aus Chili, Knoblauch, Salz, Zucker und Wasser hergestellt wird. Die sehr aromatische und etwas süssliche *Sechuan-Chilisauce* wird aus Chili und gelben Bohnen zubereitet. Alle Chilisaucen kann man fertig kaufen.

Karamelisierter Zucker

Um karamelisierten Zucker herzustellen, gibt man ¾ RS Zucker in eine heisse Pfanne und fügt unter ständigem Rühren 2 EL Öl bei. Sobald der Zucker hellbraun und schaumig ist, löscht man mit ½ RS Wasser ab. Karamelisierter Zucker hat einen leicht bitteren Geschmack und verleiht den Speisen eine braune Farbe.

Öle und Essig

Erdnussöl

Erdnussöl ist das in China übliche Brat- und Fritieröl. Es lässt sich sehr hoch erhitzen und verhindert Anbacken und Zusammenkleben. Erdnussöl kann durch ein gutes neutrales Speiseöl ersetzt werden.

Chiliöl

Ein mit Chili und verschiedenen anderen Gewürzen aromatisiertes Öl. Man kann es fertig kaufen oder selbst herstellen: dazu Chilischoten, Sechuanpfeffer, Ingwer, Frühlingszwiebeln, Stangensellerie und, nach Belieben, in Streifen geschnittene Karotten in einen Topf füllen und mit heissem Speiseöl übergiessen. 2–3 Stunden stehenlassen, dann Gewürze und Gemüse absieben.

Sesamöl

Ein goldbraunes Öl, das aus den Sesamkernen gepresst wird und ein starkes, duftendes Aroma hat. Es wird ausschliesslich zur Geschmacksverfeinerung gebraucht. Schon wenige Tropfen genügen. Sesamöl ist sehr teuer.

Karottenöl (Möhrenöl)

Auch dieses Öl wird nur zum Verfeinern verwendet. Man muss es selbst herstellen: 500 g grosse, dicke Karotten schälen und mit Hilfe der Kante eines Essstäbchens (oder eines ähnlichen Werkzeugs) davon 150 g abschaben. ⅔ RS Öl erhitzen und die Masse bei mittlerer Hitze 3 Minuten braten, bis das Öl sich gelblich färbt. Die Karottenmasse absieben und das Öl aufbewahren.

Essig

Die chinesische Küche kennt vor allem Essig mit neutralem Geschmack. Wichtig ist der Säuregrad. Benutzt wird vor allem 5%iger und 25%iger Essig. Chinesischer Essig wird aus Reiswein hergestellt. Es gibt helle und dunkle Varianten, wie zum Beispiel Zenjiang-Essig.

Binde- und Andickmittel

Die chinesische Küche hält eine Reihe von Zutaten bereit, um Saucen zu binden, Suppen anzudicken und Süssspeisen zuzubereiten.

Kartoffelmehl und Maismehl für Kuchen, Süssspeisen und zum Eindicken am Ende des Kochvorgangs; Wasserkastanienmehl und Süsskartoffelmehl für Kuchen, Süssspeisen und Desserts; Reismehl für Kuchen; Taromehl und Lotoswurzelmehl für Kindernahrung und Kuchen; Klebereismehl für Kuchen, Süssigkeiten, Klebereiskuchen und Klebereisklösschen.

Weine und Schnäpse

Reiswein ist eine der ältesten Spirituosen Chinas. Er wird aus gedämpftem Klebereis und Hefe hergestellt (Shaoxin-Wein). Man kann ihn durch trockenen Sherry ersetzen.

Gaoliang-Schnaps wird aus einer Hirse (Sorghum) hergestellt, die in Nordostchina angebaut wird, und dient zur Verfeinerung von Speisen. *Maotai-Schnaps,* ein aus Hirse und Weizen hergestellter Schnaps, stammt aus der gleichnamigen Stadt. *Meikuelu-Schnaps* ist ein Hirseschnaps, der mit Rosenblüten aromatisiert wird.

Techniken des Schneidens

Der richtige Umgang mit dem Messer zählt in der chinesischen Küche zu den wesentlichen Fertigkeiten. Geschnittene Zutaten erleichtern die Arbeit während des Kochens und ermöglichen die bequeme Benutzung der Stäbchen beim Essen. Aroma und Geschmack der Zutaten vermischen sich besser, weil die Oberfläche der Lebensmittel wesentlich grösser ist. Die Beschaffenheit einer Zutat, die Zubereitungsart und die Kombination mit anderen Zutaten entscheiden darüber, welche Schneideart die beste ist. Auch muss die Schneideart so gewählt werden, dass die Zutaten nach dem Garen zart und knackig sind und ihr Aroma und ihre ursprüngliche Farbe erhalten bleiben. Entsprechend wird man also zum Schmoren und für Suppen eher Scheiben und grössere Stücke schneiden, während beim Braten oder Kurzfritieren kleine Stücke, Würfel oder feine Streifen bevorzugt werden.

Die wichtigsten Schneidetechniken für die Zubereitung von Gemüse in der chinesischen Küche sind: Scheiben schneiden (rund, rechteckig, dreieckig, rollschneiden), würfeln, in Streifen schneiden (bleistift-, streichholz-, fadendünn), hacken und einschneiden oder -kerben.

Kochmethoden

Bei vielen Rezepten findet sich der Hinweis: eine Pfanne vorbereiten. Dies ist insbesondere bei Pfannen wichtig, in denen das Bratgut sonst am Boden festhaften würde.

Dazu gehen Sie in folgender Weise vor: Die Pfanne auf grosser Flamme erhitzen, den Boden mit Öl bedecken und die Pfanne damit ausschwenken. Das Öl abgiessen und anschliessend den ganzen Vorgang wiederholen. (Sie können auch etwas Öl in die Pfanne geben und mit einem Küchenkreppapier den Boden ausreiben.) Erst dann beginnt die eigentliche Zubereitung entsprechend den Angaben des Rezeptes. Das Öl zur Wiederverwendung aufbewahren.

Kurzbraten

Nach der Vorbereitung der Pfanne ¼ l Öl erhitzen und das Gemüse kurz darin fritieren. Herausnehmen und in einem Sieb abtropfen lassen. Das Öl abgiessen. Erneut 1–2 EL Öl in der Pfanne erhitzen, das Bratgut hineingeben und 1–2 Minuten kurzbraten.

Braten

Die beliebteste und schnellste Kochmethode ist das Braten oder Pfannenrühren. Zuerst werden die Zutaten kleingeschnitten, eventuell blanchiert oder fritiert, und die Gewürze bereitgestellt. Später bleibt keine Zeit, um etwas zu suchen oder vorzubereiten. Die Gemüse werden entsprechend ihrer Garzeit nacheinander in die Pfanne gegeben und bei grosser Hitze im heissen Öl gewendet. Dies muss alles sehr schnell gehen. Das heisse Öl schliesst die Poren und erhält so die natürliche Farbe und das Aroma. Die Gemüse werden aussen knusprig und knackig, bleiben aber innen zart und frisch. In einem zweiten Schritt werden die Sauce und die Gewürze zugegeben und alles kurz zu Ende gegart. Es ist wichtig, die Garzeiten der Gemüse genau zu kennen. Unter Umständen muss man durch Blanchieren oder Kurzbraten einige Gemüse vorbereiten, so dass beim Pfannenrühren oder Braten alle Gemüse die gleiche Garzeit haben.

Sautieren

In erhitztem Öl werden zunächst Gewürze erhitzt, dann das vorbereitete Gemüse hinzugefügt und unter kräftigem Schwenken der Pfanne angebraten. Danach wird die Sauce eingerührt. Zuletzt – nach 1–2 Minuten Garzeit – schmeckt man mit Sesamöl ab.

Schmoren

Auch beim Schmoren wird die Pfanne wie beschrieben vorbereitet. Die Zutaten sind vorher meist kurzgebraten oder blanchiert und werden zusammen mit Gewürzen und Gemüsebouillon in die heisse Pfanne gegeben. Bei geschlossenem Deckel wird der Inhalt zunächst 3–5 Minuten erhitzt, dann für etwa 3 Minuten auf mittlere Flamme zurückgestellt und auf kleiner Flamme zu Ende geschmort. Sobald die Sauce eindickt, ist das Gericht fertig. Gelegentlich muss man umrühren, damit nichts festsitzt.

Fritieren

Beim Fritieren wird die Pfanne ebenfalls sorgfältig vorbereitet. Die Menge des benötigten Öls ist etwa doppelt so gross wie das Volumen des Fritiergutes. Man kann aber auch in kleinen Portionen fritieren.

Die chinesische Küche unterscheidet zwei Grundarten des Fritierens: Nach der einen Methode werden die Zutaten in das kalte Öl gegeben. Dann wird alles langsam erhitzt und bei mittlerer Hitze etwa 2 Minuten fritiert. Danach erhöht man, je nach Fritiergut, die Hitzezufuhr, bis es eine schöne goldbraune Farbe hat. Bei der anderen, häufiger verwendeten Methode wird das Öl stark erhitzt. Dann fritiert man die Speisen etwa 2 Minuten auf mittlerer Hitze und anschliessend nochmals 1 Minute auf starker Flamme. Das Fritiergut aus dem Öl heben und in einem Sieb 5 Minuten abtropfen und abkühlen lassen. So kann ein Teil der Feuchtigkeit verdampfen, und die Oberfläche der fritierten Speise wird entsprechend knuspriger. Zum Schluss werden die Speisen nochmals bei starker Hitze 1½ bis 2 Minuten fritiert.

Zwei-Pfannen-Garen

Nach der Vorbereitung der beiden Pfannen wird in der einen Pfanne das Gemüse fritiert oder gebraten, während gleichzeitig in der zweiten Pfanne die Sauce kocht. Beides muss zum gleichen Zeitpunkt fertig sein. Dann wird das Gemüse so schnell wie möglich zur Sauce gegeben. Je heisser das Gemüse ist, desto besser kann es die Aromen der Sauce in sich aufnehmen. Man kann die Sauce auch über das Gemüse geben und unterrühren.

Blanchieren

Blanchieren ist ein vorbereitender Kochvorgang. Das Gemüse wird etwa 2 Minuten in kochendes, leicht gesalzenes Wasser gegeben und sofort abgegossen. Danach wird es nach Rezept weiterverarbeitet.

Suppe

Als Suppe bezeichnet man in der chinesischen Küche Gemüse, das in Bouillon und unter Zugabe von Gewürzen gegart wurde. Die Kochzeit hängt von den Zutaten ab. Mit langem Kochen soll erreicht werden, dass sich die Aromen von Bouillon und Gemüse intensiv miteinander verbinden und die Gemüsezutaten weich werden. Kurz gekocht werden Chinakohl, Spinat, Tofu, gelbe Bohnenkeimlinge und Glasnudeln.

Gewürzkochen

In einen Topf mit Wasser werden Wein, Sojasauce und eine Gewürzmischung aus Ingwer, Pfeffer, Sternanis, Nelken, Zimt, Kümmel und Lorbeer, Zucker, Salz und Glutamat gegeben. In diesem Sud werden gepresster Tofu, Mehlklösschen und grosse Seetangblätter etwa 20 Minuten lang bei geschlossenem Deckel auf kleiner Flamme gegart. Danach wird der Topf vom

Feuer genommen, muss aber noch geschlossen einen Tag stehen bleiben. Erst dann ist das Gemüse fertig und wird als Bestandteil einer kalten Platte angerichtet.

Dämpfen

Zum Dämpfen benötigt man eine Pfanne (wenn möglich einen Wok) und einen Dampfkorb oder Siebeinsatz. Diese gibt es aus Metall, Holz und Bambus. Die Pfanne wird zu etwa einem Siebtel ihres Inhaltes mit Wasser gefüllt und erhitzt. Den Dampfkorb oder Siebeinsatz stellt man in das heisse Wasser und deckt die Pfanne zu. Die Speisen werden kurz danach (nach etwa 2 Minuten) in den Dampfkorb gegeben und bei grosser Hitze ungefähr 5 Minuten gedämpft, dann auf mittlerer Hitze zu Ende gedämpft. (Ersatzweise kann man zum Dämpfen auch eine Reisschale oder eine kleine Schüssel in eine mit Wasser gefüllte Pfanne stellen.) Während des Dämpfens sollte man den Dekkel nicht öffnen.

Garen in Steingut

Aus den nördlichen Provinzen Chinas stammt die Kochmethode, in einem geschlossenen Steinguttopf über kleinem Feuer Suppe zu kochen oder Gemüse zu schmoren. Vor allem Rezepte mit Tofu werden oft auf diese Art zubereitet. Der Steinguttopf bewahrt das Aroma der Speisen besonders gut. Traditionsgemäss werden diese Gerichte im Familienkreis direkt aus dem Topf gegessen. Steingutgaren ist eine typische Kochmethode für die Winterzeit.

Einlegen

In der vegetarischen Küche ist das Einlegen von Gemüse eine sehr wichtige Zubereitungsart. Sie ermöglicht die Konservierung von Lebensmitteln und dient der Geschmacksverbesserung zum Beispiel von Tofu. Sehr beliebt ist in China folgende Zubereitung: Im Sommer werden Tofuwürfel getrocknet. Gelbe Bohnen werden mit Klebereis und Gewürzen gedämpft, und diese breiige Masse wird dann ebenfalls an der Luft getrocknet. Wenn sich nach einigen Tagen ein gelber Edelschimmel gebildet hat, füllt man einen grossen Tontopf lagenweise mit einer Schicht Bohnenmasse, darauf eine Lage Tofu, dann wiederum Bohnenmasse und fährt so fort, bis die Zutaten aufgebraucht sind. Zum Schluss wird mit Reiswein aufgegossen und der Tontopf für mindestens ein Jahr im Keller gelagert. In dieser Weise kann Tofu auf verschiedene Arten zubereitet werden. Eingelegt werden auch Gurken, verschiedene Kohlarten, Sauergemüse, Wintergemüse, Rettich, Radieschen und Karotten.

Backen

Gebacken wird in China traditionell in grossen, runden, eisernen Backöfen von ungefähr 1½ Meter Durchmesser, die innen mit Steinen ausgekleidet sind und mit Holzkohle beheizt werden. Die Öffnung befindet sich oben. Die Teigstücke werden senkrecht an die heisse Ofenwand geklebt. Auf diese Weise werden zum Beispiel Sesambrot und rote Bohnenkuchen gebacken. Das besondere Aroma, welches die im Holzkohlenofen gebackenen Waren entwickeln, kann mit Gas- oder Elektrobacköfen nicht erreicht werden.

Kochgeräte

Die vier wichtigsten chinesischen Küchengeräte sind der Wok, das Küchenbeil, die Stäbchen und der Dampfkorb. Der *Wok* dient als Allzweckpfanne. Durch seinen flach gewölbten Boden eignet er sich zum Braten, Kochen und Schmoren. Mit einem Dampfkorb oder Siebeinsatz verwendet, dient er als Dampftopf. Woks werden aus verschiedenen Metallen wie Eisen, Gusseisen, Aluminium und Edelstahl hergestellt. Traditionellerweise gelten Woks aus gehärtetem, dünnem Eisenblech als die besten, weil sie die Hitze sehr gut leiten. Ausserdem sind sie relativ leicht, was das Bewegen der Pfanne erleichtert. Sie sind allerdings pflegeintensiv. Für moderne Gasherde ist der Wok mit einem Standring ausgestattet, der ein Umkippen verhindert. (Ursprünglich passte der Wok mit seiner speziellen Bodenwölbung in die offene Feuerstelle der alten chinesischen Küchenherde.) Für Elektroherde gibt es Woks mit entsprechend plangeschliffenen Böden. Für den normalen Haushalt eignet sich am besten ein Wok mit einem Durchmesser von etwa 30 cm.

Das *Küchenbeil* oder Hackmesser ist ein vielseitiges Schneidewerkzeug. Die rechteckige Klinge sollte aus gehärtetem Stahl sein (sie ist dann leichter nachzuschleifen als Klingen aus rostfreiem Stahl). Bei der Küchenarbeit ist darauf zu achten, dass das Messer nach jedem Gebrauch getrocknet und ab und zu mit Speiseöl eingerieben wird. Neben dem normalen Schneiden von Gemüse wird in der chinesischen Küche mit zwei gleich grossen Hackmessern wie mit Trommelschlegeln in Auf- und Abwärtsbewegungen feingehackt. Die Fläche des Messers kann man zum Zerquetschen von kleinen Stücken von Lebensmitteln benützen.

Die *Stäbchen* ersetzen eine Vielzahl der üblichen Küchenwerkzeuge wie Schneebesen, Schöpflöffel, Gabel und Löffel. Am besten geeignet sind Bambusstäbchen, weil sie hohen Temperaturen standhalten. In der chinesischen Küche wird mit den Stäbchen gerührt, gewendet, ein- und umgefüllt, probiert und die fertigen Speisen zum Servieren angerichtet.

27

Ein weiteres wichtiges Küchengerät ist der *Dampfkorb*. Er ist aus Metall oder Bambus und hat einen durchlöcherten oder geflochtenen Boden. Das Kochgut wird im Dampfkorb über kochendes Wasser gestellt und darin zugedeckt gegart.

Die Qualität eines Gerichts hängt im wesentlichen von der richtig dosierten Hitze ab – besonders beim Kurzbraten, Pfannenrühren und Fritieren – und weniger von der Dosierung der Gewürze oder der Schneideart der Zutaten. War die traditionelle Energiequelle in der chinesischen Küche ein Kohlen- oder Holzfeuer, benutzt man heute zum Kochen sehr starke Gasflammen. In Restaurantküchen sind sie so stark, dass sie einen Wok in einer halben Minute zur Rotglut erhitzen. Dies gilt als Richtwert für einen guten Herd. Die normalen Gas- oder Elektroherde im Haushalt erreichen diese Heizkraft leider nicht. Um die Speisen so schnell und schonend zuzubereiten wie in China, sollte man sie immer bei grösster Flamme erhitzen, dann ganz kurz garen und die Hitzezufuhr sofort abstellen. Bei einigen Gerichten wird das Kochgut nach einigen Sekunden nochmals auf grösster Flamme erhitzt. Beim Elektroherd behilft man sich, indem man die Kochplatte oder das Kochfeld auf die höchste Stufe stellt, die Pfanne vom Feuer nimmt, sobald die Speisen gar sind, und sie, wenn nötig, erneut auf die Platte setzt.

Mit Stäbchen essen

Es gibt viele Gründe, das Essen mit Stäbchen zu lernen und zu praktizieren. Da man mit Stäbchen jeweils nur kleine Mengen der Speisen aufnehmen kann, ist der Ablauf des Essens entspannter und genussreicher. Jeder Bissen kann voll ausgekostet und jede Geschmacksveränderung und -nuance besser erfasst werden.

Stäbchen werden beim Essen paarweise benützt (in der Küche beim Kochen auch einzeln). Eines bleibt unbeweglich in der Hand – in die Daumenfalte geklemmt und auf der Spitze des Ringfingers abgestützt –, während das andere beweglich mit den Spitzen von Daumen, Zeige- und Mittelfinger gehalten wird. Indem man es auf und ab bewegt, ahmt man die Bewegung einer Zange nach. Die Spitzen der beiden Stäbchen müssen dazu immer auf gleicher Höhe sein. Wichtig ist, die Stäbchen zwar fest, aber nie verkrampft zu halten. Mit den Spitzen werden mundgerechte Bissen von festen Speisen aufgepickt. Grössere weiche Stücke werden zuerst halbiert, indem man die Stäbchen dicht beieinander hält und in die Speise sticht. Dann öffnet man die Stäbchen und teilt so das Stück. Glatte und feingehackte Zutaten, so auch Nudeln, werden mit den nebeneinanderliegenden Stäbchen geschaufelt. Grosse, festere Nahrungsmittel wie ungeschnittene Gemüsestangen hält man hoch und beisst stückchenweise ab. Reis wird aus der Schale gegessen, indem diese mit den Fingerspitzen der linken Hand hochgehalten wird und der Reis mit den Stäbchen in den Mund geschaufelt wird.

Fritierte Taros

300 g Taro
3 EL Zucker
3 EL Kokosraspeln
½ RS Kokosraspeln
Öl zum Fritieren

Vorbereitung Die Taros schälen und in kleine Stücke schneiden. In kochendes, leicht gesalzenes Wasser geben und weich kochen. Das Wasser abgiessen und das Gemüse abtropfen lassen. Die Tarostücke mit einer Gabel zerdrücken. Die Masse in eine Schüssel geben und mit Zucker und den 3 EL Kokosraspeln gut vermengen. Aus der Masse 12 Kugeln formen und in den Kokosraspeln wenden. Die Raspeln etwas andrücken. Eine Pfanne vorbereiten (Seite 25).

Zubereitung Das Fritieröl in die Pfanne geben und erhitzen. Die Tarokugeln 3–4 Minuten fritieren, herausheben und gut abtropfen lassen. Auf einer Platte anrichten und servieren.

Fritierte Süsskartoffeln

300 g Süsskartoffeln
6 EL Weizenmehl
8 EL Wasser
1 EL Zucker
Öl zum Fritieren

Vorbereitung Die Kartoffeln schälen, waschen und in etwa ½ cm dicke Scheiben schneiden. Das Weizenmehl mit dem Wasser und dem Zucker verrühren. Eine Pfanne vorbereiten (Seite 25).

Zubereitung Öl erhitzen. Die Kartoffelscheiben in der Mehlmischung wenden und 2 Minuten fritieren. Herausheben, abtropfen lassen und nochmals 2 Minuten fritieren. Sofort servieren.

Fritierte Wan-Tan

100 g Wasserkastanien
80 g Karotten
80 g Sechuan-Gemüse
220 g Tofu
30 g Gemüsemais
20 g Frühlingszwiebeln
1 TL Kartoffelmehl
1½ TL Zucker
1 TL Glutamat
1½ TL Salz
2 EL Öl
10–15 Wan-Tan-Teighüllen (erhältlich in Spezialgeschäften oder nach Rezept auf Seite 123 zubereiten)
Öl zum Fritieren

Vorbereitung Die Gemüse und den Tofu fein hacken und mit den restlichen Zutaten gut vermengen.

Zubereitung Die Teighüllen auf der Arbeitsfläche auslegen und die Mitte mit jeweils 1 EL Füllung belegen. Die sich gegenüberliegenden Teigecken nacheinander zur Mitte falten und den Teig rund um die Füllung gut andrücken.
Das Fritieröl erhitzen. Die Wan-Tans hineingeben und ganz leicht braun werden lassen, herausheben und etwas abkühlen lassen. Die Wan-Tans erneut ins heisse Öl geben und goldbraun backen.
Mit süss-saurer Sauce (Seite 125) servieren.

Anmerkung Selbst hergestellter Teig ist härter als der im Handel erhältliche. Beim Zusammenfalten der Wan-Tans muss die Teighülle deshalb mit einer Mehl-Wasser-Mischung verklebt werden.

Frühlingsrollen

Zutaten für 3 Personen
5 EL Öl
2 TL Knoblauch, fein gehackt
150 g Bambussprossen (Konserve), in Streifen geschnitten
30 g chinesische Blumenpilze, eingeweicht (Seite 125)
200 g Glasnudeln, eingeweicht (Seite 125)
1 EL Glutamat
1 TL Pfeffer, gemahlen
1 TL Salz
2 EL Zucker
10 g Schnittlauch, fein geschnitten
6 Teigblätter für Frühlingsrollen (erhältlich in Geschäften mit asiatischen Produkten oder nach Rezept Seite 123)
50 g Sojabohnenkeimlinge
2 EL Weizenmehl
4 EL Wasser
Öl zum Fritieren

Vorbereitung Eine Pfanne vorbereiten (Seite 25). 5 EL Öl in die Pfanne geben, erhitzen und den Knoblauch anziehen lassen. Die Bambussprossenstreifen und die Blumenpilze zugeben und etwas anbraten. Die Glasnudeln abtropfen lassen, beifügen und mit Glutamat, Pfeffer, Salz und Zucker würzen; den Schnittlauch zugeben und alles gut wenden. Die Gemüsefüllung in ein Sieb geben, um das Öl abtropfen zu lassen.

Zubereitung Die Teigblätter auf der Arbeitsfläche glatt auslegen. Jedes Teigblatt in der unteren Hälfte mit etwa 60 g Gemüsefüllung und einigen Sojakeimlingen belegen. Das Weizenmehl mit dem Wasser verrühren und den oberen Rand des Teigblattes damit bestreichen. Den unteren Rand über die Füllung legen und die Seiten zur Mitte schlagen. Dann nach oben rollen und den oberen Rand fest andrücken.

Reichlich Öl in die Pfanne geben und erhitzen. Die Frühlingsrollen bei mittlerer Hitze etwa 4 Minuten fritieren, aus der Pfanne heben und 2 Minuten abkühlen lassen. Die Rollen erneut in die Friture geben und goldbraun backen.

Mit einer süss-sauren Sauce (Rezept Seite 125) servieren.

Anmerkung Anstelle von Bambussprossen kann kleingeschnittener Weisskohl verwendet werden.

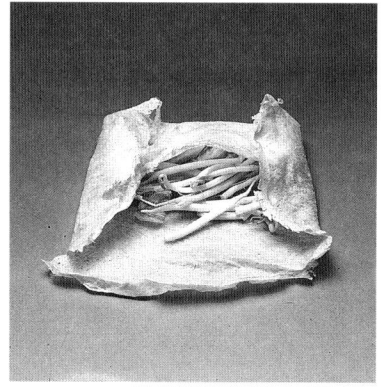
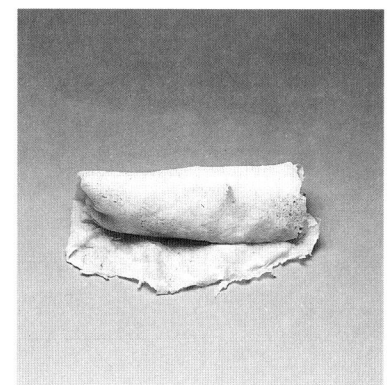

Gemischtes Gemüse in Glasnudelblättern

4 Glasnudelblätter

Gemüse
100 g chinesische Blumenpilze
150 g Gurken
150 g Karotten, in Streifen geschnitten
20 g Petersilie, fein gehackt

Sauce
3 EL Sesampaste
⅔ EL Essig (25 %)
1 TL Reiswein
3 EL Wasser
2 EL Chiliöl
1½ EL Sojasauce
2 TL Zucker
1 TL Ingwer, fein gehackt

Vorbereitung Die Glasnudelblätter ½ Stunde in heissem Wasser einweichen. Die Blumenpilze in warmem Wasser einweichen (Seite 125). Die Gurken schälen, die Kerne ausschaben und das Fleisch in dünne Streifen schneiden. Die Pilze abgiessen, gut abtropfen lassen und fein schneiden. Die Gemüse, Petersilie und Pilze in einer Schüssel zu einer Masse vermengen. Die Glasnudelblätter abgiessen und gut abtropfen lassen.

Zubereitung Für die Sauce in einer kleinen Schüssel die Sesampaste mit dem Essig, dem Reiswein und dem Wasser verrühren. Das Öl zugeben. Mit Sojasauce, Zucker und Ingwer würzen. Alles gut verrühren.
Die Glasnudelblätter auf der Arbeitsfläche auslegen. Jedes Nudelblatt mit 100–120 g Gemüsemasse bestreichen und aufrollen. Die Rollen in 2–3 Stücke schneiden. Auf einer Platte anrichten und die Sauce separat dazu servieren.

Anmerkung Dies ist ein Sommergericht. Glasnudelblätter sind in hiesigen Spezialgeschäften meistens nur getrocknet erhältlich. Frische Glasnudelblätter sind, falls erhältlich, den getrockneten vorzuziehen.

Geburtstagssuppe

¾ RS Klebereis
½ RS getrocknete Lotoskerne
½ RS rote Bohnen
60 g Lilienblütenblätter
50 g Gingkonüsse
½ RS chinesische schwarze oder rote Datteln, entkernt und eingeweicht
12 RS Wasser
30 g Korinthen
10 EL Zucker

Vorbereitung Den Klebereis ungefähr 1 Stunde in ½ l Wasser einweichen. Die anderen Zutaten, ausser den Korinthen, separat 2 Stunden einweichen.

Zubereitung In einem grossen Suppentopf 12 Reisschalen Wasser zum Kochen bringen. Die Lotoskerne, roten Bohnen, Lilienblütenblätter und Gingkonüsse zugeben und auf kleiner Flamme etwa 40 Minuten kochen. Den Klebereis zufügen und weitere 20 Minuten köcheln lassen. Dann die Datteln, Korinthen und den Zucker beifügen und nochmals 10 Minuten kochen. Den Topf von der Herdplatte nehmen, 20 Minuten ruhen lassen und servieren.

Anmerkung Die Geburtstagssuppe ist ein Gericht, das traditionell zur Feier des Geburtstages oder der Geburt eines Kindes serviert wird.
Anstelle von Datteln können Dörrpflaumen verwendet werden.

Spitzkohlkuchen

100 g Spitz- oder Weisskohl, in feine Streifen geschnitten
80 g Sojabohnenkeimlinge
1½ RS Weizenmehl
1 TL Salz
½ RS Wasser
4 EL Öl
½ TL Pfeffer, frisch gemahlen
1½ EL Zucker

Sauce
1 TL Ingwer, fein gehackt
1 TL Knoblauch, fein gehackt
1 TL Chili, fein gehackt
½ EL Essig (25 %)
½ EL Sesamöl
4 EL helle Sojasauce
2 EL Wasser
1 TL Zucker
6 EL Öl

Vorbereitung In einer Schüssel den Kohl, die Sojabohnen, das Weizenmehl, das Salz und das Wasser mischen. Das Öl und die Gewürze zugeben und alles gut vermengen. Die Masse 15 Minuten ruhen lassen. Eine Bratpfanne vorbereiten (Seite 25).

Zubereitung Für die Sauce in einer kleinen Schüssel den Ingwer, Knoblauch und Chili mischen. Essig, Öl, Sojasauce und Wasser zugeben. Den Zucker beigeben und alles gut verrühren. 6 EL Öl in die Pfanne geben und erhitzen. Je nach Durchmesser des Pfannenbodens die Hälfte oder ein Drittel der Gemüsemasse in die Bratpfanne geben und gleichmässig, aber nicht zu dick ausstreichen. 10–15 Minuten braten und dabei wie eine Omelette wenden. Den Kohlkuchen herausheben und in vier Teile schneiden. Auf einer Platte anrichten und die Sauce separat dazu servieren.

Anmerkung Man kann den Kuchen auch mit anderen Gemüsesorten zubereiten, beispielsweise mit Gurken, Chinakohl oder Zucchini. Wenn man den Kuchen gerne scharf isst, mischt man Chilistreifen unter die Gemüsemasse.

Walnusssuppe

½ RS Walnusskerne
½ RS schwarze oder rote chinesische Datteln, entkernt
6 RS Wasser
3 EL Kartoffelmehl, mit ½ RS Wasser angerührt, oder
3 EL Klebereismehl und 1 EL Reismehl, mit ½ RS Wasser angerührt
8 EL Zucker

Vorbereitung Die Walnusskerne mahlen und die Datteln so klein wie möglich hacken oder beides im Cutter zerkleinern.

Zubereitung 6 Reisschalen Wasser zum Kochen bringen, die gemahlenen Walnüsse und die gehackten Datteln ins kochende Wasser geben. Das angerührte Kartoffel- oder Reismehl langsam unter Rühren hineingiessen und andicken lassen. Danach den Zucker einrühren. Sofort servieren.

Anmerkung Die Walnusssuppe eignet sich gut als Spätimbiss. Anstelle von Datteln können Dörrpflaumen verwendet werden.

Rote Bohnen in Blätterteigbällchen

300 g Rote-Bohnen-Paste (Konserve oder selbst hergestellt)

Zutaten für etwa 1 kg selbsthergestellte Bohnenpaste
300 g rote Bohnen
14 RS Wasser
1 RS Zucker
½ RS Öl

Zubereitung Die Bohnen über Nacht in etwa 1 l Wasser einweichen. Das Einweichwasser abgiessen und harte, schlechte Bohnen entfernen. Die Bohnen in 14 Reisschalen Wasser auf kleiner Flamme 4 Stunden zu Püree kochen. Am Schluss den Zucker beigeben. Eventuell die Masse im Mixer pürieren. Eine Pfanne vorbereiten (Seite 25). ¼ Reisschale Öl erhitzen, das Bohnenpüree in die Pfanne geben und auf kleiner Flamme einkochen lassen. Nach und nach das verbleibende Öl tropfenweise beigeben. Das Püree etwa 20 Minuten kochen lassen und mehrmals umrühren. Die Paste in eine Schüssel geben und abkühlen lassen.

Erster Teig
¼ RS Öl
1½ RS Weizenmehl

Zweiter Teig
2 RS Weizenmehl
⅔ RS heisses Wasser
2 EL Öl
6 EL Wasser
½ TL Zucker
1 TL Sojasauce
½ RS Sesamkörner
Öl zum Braten

Vorbereitung Für den ersten Teig Öl und Weizenmehl in einer grossen Schüssel mischen und zu einem glatten Teig kneten. Beiseite stellen. Für den zweiten Teig das Mehl in eine grosse Schüssel geben, das heisse Wasser vorsichtig dazugiessen und schnell verrühren. Das Öl hineinarbeiten. Anschliessend ¼ des ersten Teigs mit dem zweiten Teig verkneten und zu einer Kugel formen. Auf einer bemehlten Fläche den Teig so dünn wie möglich ausrollen (am besten auf einer Plastikfolie). Den Rest des ersten Teigs ebenfalls sehr dünn ausrollen und auf den zweiten Teig legen. (Den zweiten Teig kann man auch in kleinen Stücken auf dem ausgerollten ersten Teig verteilen.) Die beiden aufeinanderliegenden Teigblätter aufrollen und in 5–6 cm lange Stücke schneiden. Diese in Rondellen von etwa 7–8 cm Durchmesser (je ca. 50–60 g) ausrollen. Je einen Esslöffel Bohnenpüree in die Mitte geben. Den überstehenden Rand Abschnitt für Abschnitt um das Püree hochklappen und überlappend zusammendrücken. Oben wie eine Papiertüte zusammendrehen und den überstehenden Teig abzupfen. Die Teigbällchen mit der Spitze nach unten auf die Arbeitsfläche setzen und vorsichtig zwischen beiden Händen drehen, um die Spitze gleichmässig abzurunden.

Die Teigbällchen mit der Spitze nach unten auf einen Teller geben. Wasser, Zucker und Sojasauce in einer Reisschale verrühren und die Bällchen damit bestreichen. Mit den Sesamkörnern bestreuen.

Zubereitung Eine Pfanne vorbereiten (Seite 25). Öl in die Pfanne geben und die Teigbällchen vorsichtig hineinsetzen. Auf kleiner Flamme 2–3 Minuten langsam erhitzen, bei mittlerer Hitze 3–4 Minuten weiterfritieren und zum Schluss bei grosser Hitze noch 2 Minuten bräunen. Mit einem Schaumlöffel vorsichtig herausheben und etwas abkühlen lassen. Das Gebäck schmeckt warm am besten.

Anmerkung Die Blätterteigbällchen werden zum Frühstück als Beilage zu Sojabohnenmilch serviert. Man reicht sie auch als Nachspeise oder als kleine Nascherei.

Kalte Gemüseplatte

400 g grosse Seetangblätter, eingeweicht
120 g chinesische Blumenpilze, eingeweicht (Seite 125)
  1 l Wasser
700 g Tofu, gepresst
130 g Lotoswurzel (Konserve)
  5 rote, scharfe Chilischoten
150 g Ingwer, geschält
  1 EL Fünfgewürzpulver
½ RS Reiswein
  1 RS helle Sojasauce
  6 EL Zucker
  4 EL Salz
  3 EL schwarze Pfefferkörner
  4 EL Sesamöl
  1 l Wasser
120 g grüne Bohnen

  Sauce
  5 EL scharfe Sojasauce
  2 EL helle Sojasauce
  1 EL Sesamöl
  1 grosse Chilischote, fein gehackt

Vorbereitung Die Seetangblätter und die chinesischen Blumenpilze gut abtropfen lassen.

Zubereitung Das Wasser in einem grossen Topf zum Kochen bringen. Den Tofu, die Gemüse, Gewürze und das Öl zugeben und zugedeckt auf kleiner Flamme 30 Minuten kochen. Anschliessend auf grosser Flamme weitere 10 Minuten zu Ende garen. Den Topf von der Herdplatte nehmen und zugedeckt 30 Minuten stehen lassen. Den Tofu und das Gemüse herausheben, abtropfen und abkühlen lassen.
In der Zwischenzeit die Bohnen putzen und in Stücke brechen. In einem Topf Wasser zum Kochen bringen und die Bohnen 2 Minuten blanchieren. Das Wasser abgiessen und die Bohnen gut abtropfen lassen.

Die Zutaten für die Sauce in eine Schüssel geben und gut vermengen.
Die Bohnen auf einer Servierplatte gleichmässig verteilen. Den Tofu und das Gemüse in Scheiben schneiden und auf dem Bohnenbett anrichten. Die Sauce separat dazu servieren.

Anmerkung Dieses Gericht ist in China sehr beliebt. Es eignet sich als Vorspeise, als Zwischenmahlzeit, als Imbiss für unterwegs oder als Mittagessen für Schulkinder. Die Zutaten für die kalte Gemüseplatte sind mindestens eine Woche haltbar. Man kocht also immer mehr, als man gerade braucht, und hat somit schnell eine Mahlzeit zubereitet. Der Sud wird ebenfalls aufgehoben. Er lässt sich vielseitig weiterverwenden. Je nach Rezept wird er mit Salz und Sojasauce gewürzt.

Wan-Tan-Suppe

110 g Tofu
100 g Wasserkastanien
80 g Karotten
80 g Sechuan-Gemüse
1 TL Kartoffelmehl
1½ TL Zucker
1 TL Glutamat
½ TL Salz
2 EL Öl
10–15 Wan-Tan-Teighüllen (erhältlich in Geschäften
mit asiatischen Produkten)
½ l Wasser
2 Blatt grünes Gemüse (Spinat), in Streifen geschnitten

Suppe für eine Reisschale
⅔ l Gemüsebouillon
10 g Champignons, geputzt, fein geschnitten
15 g Bambussprossen (Konserve), fein geschnitten
1½ TL Salz
½ TL Pfeffer, gemahlen
2 TL Zucker
2 TL Glutamat
Sesamöl

Vorbereitung Den Tofu und die Gemüse für die Füllung fein hacken und in eine Schüssel geben. Die Gewürze und das Öl beigeben und alles zu einer glatten Masse verarbeiten.

Zubereitung Die Wan-Tan-Teighüllen auf der Arbeitsfläche auslegen. Je 1 TL Füllung in die Mitte des Teigs geben. Die einander gegenüberliegenden Teigecken leicht übereinanderschlagen und durch etwas Druck verkleben.
In einer Kasserolle das Wasser zum Kochen bringen und die Wan-Tans 5 Minuten ziehen lassen. Abgiessen und in Reisschalen anrichten. Mit dem Gemüsegrün bestreuen. Warm halten. Die Gemüsebrühe mit den Champignons und den Bambussprossen zum Kochen bringen. Die Suppe mit Salz, Pfeffer, Zucker

und Glutamat abschmecken. Die Gemüsebrühe über die Wan-Tans giessen, mit einigen Tropfen Sesamöl beträufeln und servieren.

Anmerkung Die Wan-Tans können auch fritiert serviert werden. Dazu reicht man süss-saure Sauce (Seite 125).

Gurkensuppe

15 g Lilienblütengemüse, getrocknet
500 g Salatgurken
1 kleine Tomate
1 l Wasser
1½ TL Salz
1 TL weisser Pfeffer, frisch gemahlen
1½ EL Zucker
2 EL Karottenöl (Seite 23)

Vorbereitung Das Lilienblütengemüse in warmem Wasser einweichen. Die Gurken waschen, schälen und in Scheiben schneiden. Die Tomate waschen und in Scheiben schneiden. Das Lilienblütengemüse abgiessen und gut abtropfen lassen. Den holzigen Teil der Stiele entfernen.

Zubereitung In einer Kasserolle 1 l Wasser zum Kochen bringen. Die Gurken und Tomaten hineingeben und auf kleiner Flamme 5 Minuten kochen lassen. Das Lilienblütengemüse dazugeben und 10 Minuten mitkochen lassen. Mit Salz, Pfeffer und Zucker würzen. Die Pfanne auf kleiner Flamme 1½ Minuten auf der Herdplatte stehen lassen. Die Suppe mit Karottenöl abschmecken und servieren.

Anmerkung 15 g getrocknetes Lilienblütengemüse ergeben nach dem Einweichen etwa 100 g. Damit es zart bleibt, sollte es nicht zu lange gekocht werden. Das Gemüse ist bei uns in Spezialgeschäften erhältlich. In China wird diese Suppe vor allem im Sommer serviert.

Vier-Gemüse-Suppe

600 g	Chinakohl
1	kleine Karotte
100 g	frische grüne oder weisse Spargel
10 g	junge rote oder grüne Seetangblätter, eingeweicht
40 g	getrocknetes Lilienblütengemüse, eingeweicht
20 g	getrockneter Weisspilz, eingeweicht
30 g	Strohpilze, eingeweicht (aus Konserve 100 g)
1 l	Wasser
5 EL	Öl
10 g	frischer Ingwer, in dünne Scheiben geschnitten
10 g	Frühlingszwiebeln, grob gehackt
5 RS	Gemüsebouillon (Seite 125) oder Wasser
3 EL	Reiswein
1½ TL	Salz
½ TL	Pfeffer, frisch gemahlen
1½ TL	Zucker
1 TL	Glutamat
2 EL	Sesamöl

Vorbereitung Den Chinakohl putzen, waschen und in kleine Stücke zerteilen. Die Karotte schälen und längs in vier Streifen schneiden. Kohl und Karotten in kochendem Wasser 10 Minuten garen. Herausheben und 15 Minuten in kaltes Wasser legen. Abgiessen und gut abtropfen lassen. Den Spargel schälen und in etwa 3 cm lange Stücke schneiden. Den Seetang und die Pilze abgiessen und gut abtropfen lassen. Eine Pfanne vorbereiten (Seite 25).

Zubereitung Die Seetangblätter auf der Arbeitsfläche auslegen und je mit etwa 100 g Chinakohl und 1 Streifen Karotte belegen und aufrollen. Die Rollen in 3–4 cm lange Stücke schneiden. In einer Kasserolle das Wasser zum Kochen bringen. Den Spargel und die Pilze nacheinander im selben Wasser jeweils 5 Minuten kochen lassen. Herausheben, gut abtropfen lassen und zwischen den Seetangrollen anrichten. Warm halten.

5 EL Öl in die Pfanne geben und erhitzen. Den Ingwer und die Frühlingszwiebeln anbraten. Mit Wasser oder Gemüsebrühe ablöschen. Den Reiswein zugeben. Mit Salz, Pfeffer, Zucker und Glutamat würzen und 3 Minuten kochen lassen. Den Ingwer und die Frühlingszwiebeln mit einem Sieb oder einem Schaumlöffel herausheben. Die Suppe mit Sesamöl abschmecken und servieren.

Sauer-scharfe Suppe

	Zutaten für 3 Personen
80 g	Tofu
50 g	Bambus (Konserve)
50 g	roter Paprika (Peperoni)
30 g	chinesische Blumenpilze, eingeweicht
7 dl	Gemüsebouillon (Seite 125)
1½ TL	Essig (80 %)
6 TL	Sojasauce
2 TL	Salz
2 TL	Pfeffer, frisch gemahlen
2 EL	Zucker
3 TL	Glutamat
3 EL	Kartoffelmehl, mit 6 EL Wasser angerührt
1 TL	Sesamöl
1 EL	Sambalpaste
1 TL	Schnittlauch, fein geschnitten

Vorbereitung Den Tofu in Streifen schneiden. Den Bambus abgiessen und in Streifen schneiden. Den Paprika waschen, entkernen und in Streifen schneiden. Die Pilze abgiessen und abtropfen lassen.

Zubereitung In einer Kasserolle die Gemüsebrühe zum Kochen bringen. Den Tofu, die Gemüse und Pilze hineingeben und aufkochen lassen.

Den Essig und die Sojasauce zugeben. Mit Salz, Pfeffer, Zucker und Glutamat würzen und nochmals aufkochen lassen. Das angerührte Kartoffelmehl zugeben, aufkochen und andicken lassen. Die Suppe in Schalen giessen, Sesamöl und Sambal beifügen, mit Schnittlauch bestreuen und servieren.

Chinakohl mit Tofu

Tofukugeln
300 g Tofu
1 EL Sojasauce
2 EL Weissmehl
8 EL Öl
1 TL Zucker
10 g Frühlingszwiebeln, gehackt
½ TL Salz

20 g getrocknetes Lilienblütengemüse, eingeweicht
Öl zum Fritieren

Suppe
5 EL Öl
10 g Frühlingszwiebeln, nur der weisse Teil, in Streifchen geschnitten
1½ l Wasser
3 EL karamelisierter Zucker (Seite 23)
2 EL Reiswein
3 EL Sojasauce
1½ TL Salz
½ TL weisser Pfeffer, frisch gemahlen
1 TL Glutamat
200 g Chinakohl, in ca. 4 cm lange Streifen geschnitten
2 EL Sesamöl

Vorbereitung Den Tofu in eine Schüssel geben. Sojasauce, Mehl, Öl, Zucker, die Frühlingszwiebeln und das Salz beigeben und mit den Händen zu einer geschmeidigen Masse verarbeiten. Aus der Masse 9 Kugeln formen. Das Lilienblütengemüse abgiessen und gut abtropfen lassen. Den holzigen Teil der Stiele entfernen. Zwei Pfannen vorbereiten (Seite 25).

Zubereitung Das Fritieröl in eine Pfanne geben und erhitzen. Jeweils 3 Tofukugeln miteinander hineingeben und etwa 5 Minuten fritieren. Die Kugeln vorsichtig aus der Pfanne heben und 5 Minuten abkühlen lassen. Erneut ins heisse Öl geben und goldgelb bakken. Herausheben, gut abtropfen lassen und beiseite stellen.

5 EL Öl in die zweite Pfanne geben, erhitzen und die Frühlingszwiebeln anbraten. Mit dem Wasser aufgiessen. Den karamelisierten Zucker, den Reiswein und die Sojasauce beigeben. Mit Salz, Pfeffer und Glutamat würzen und gut verrühren. Die Suppe auf hoher Flamme 2 Minuten kochen lassen. Die Hitze reduzieren, das Lilienblütengemüse und die Tofukugeln hineingeben. Auf kleiner Flamme 20 Minuten köcheln lassen. Den Chinakohl dazugeben und 10 Minuten mitkochen lassen. Die Suppe vor dem Servieren mit Sesamöl beträufeln.

Anmerkung Dieses typische Wintergericht schmeckt auch sehr gut mit 100 g eingeweichten Glasnudeln, die man mit dem Kohl zugeben kann. In China wird das Gericht in Steingut serviert.

Glasnudelsuppe

6½ dl Gemüsebouillon (Seite 125)
20 g Lilienblütenblätter, eingeweicht
80 g Tofublätter, in Streifen geschnitten, eingeweicht
1½ TL Salz
2 Prisen Pfeffer
2 TL Zucker
3 TL Glutamat
120 g Glasnudeln, eingeweicht
1 TL Sesamöl
1 TL Schnittlauch, fein geschnitten

Zubereitung In einer Kasserolle die Gemüsebrühe zum Kochen bringen. Die Hitze reduzieren, das Lilienblütengemüse und den Tofu abtropfen lassen, hineingeben und 5 Minuten köcheln lassen. Mit Salz, Pfeffer, Zucker und Glutamat würzen. Die Brühe auf den Siedepunkt bringen, die Glasnudeln abtropfen lassen, beigeben und 1 Minute kochen lassen. Die Suppe in 2 Schalen anrichten, mit Sesamöl beträufeln, mit Schnittlauch bestreuen und servieren.

Tomatensuppe mit Tofu

⅔ l Gemüsebouillon (Seite 125)
100 g Tofu, in Streifen geschnitten
  1 Tomate, enthäutet und in kleine Würfel geschnitten
 15 g Erbsen, frisch oder tiefgekühlt
1½ TL Salz
 ½ TL Pfeffer, frisch gemahlen
  3 TL Glutamat
  3 EL Tomatenketchup
  3 TL Zucker
  4 TL Kartoffelmehl, mit 6 EL Wasser angerührt
  1 TL Sesamöl
  1 TL Schnittlauch, fein geschnitten

Zubereitung In einer Kasserolle die Gemüsebrühe zum Kochen bringen. Den Tofu, die Tomatenwürfel und die Erbsen zugeben. Mit Salz, Pfeffer, Glutamat, Tomatenketchup und Zucker abschmecken. Das angerührte Mehl in die Gemüsebrühe geben, aufkochen und andicken lassen. Die Suppe in 2 Schalen anrichten mit Sesamöl beträufeln, mit Schnittlauch bestreuen und servieren.

Anmerkung Damit die schöne grüne Farbe der Erbsen erhalten bleibt, muss die Suppe im offenen Kochtopf gekocht werden.

Brunnenkressesuppe

200 g Brunnenkresse
150 g Yamswurzel
100 g Lotoswurzel (Konserve)
1 Stück Lo-Han-Kuo (Fructus momordicae)
    oder 1 Brühwürfel
  5 RS Wasser
1½ TL Salz
  2 TL Glutamat
  2 EL Reiswein
  2 EL Sesamöl

Vorbereitung Die Kresse waschen und zerpflücken. Die Yamswurzel schälen und in Würfel schneiden. Anschliessend 5–10 Minuten in 1½ l Wasser mit 1½ TL Salz ziehen lassen. Die Lotoswurzel schälen und in Würfel schneiden.

Zubereitung In einer Kasserolle 5 Reisschalen Wasser zum Kochen bringen und Salz beifügen. Die Yamswurzel, die Lotoswurzel und das Lo-Han-Kuo-Stück beigeben und auf kleiner Flamme 20 Minuten kochen lassen. Dann die Kresse, das Glutamat und den Reiswein dazugeben. Die Suppe nochmals aufkochen lassen, mit Sesamöl beträufeln und servieren.

Anmerkung Diese Suppe wird in China oft als Heilmittel bei Unpässlichkeiten gereicht. Sie erfrischt, regt den Appetit an und stärkt.

Chinesische Blumenpilze-Suppe mit Tofu

 60 g chinesische Blumenpilze, eingeweicht (Seite 125)
 50 g Lilienblütenpilz (Enoki), frisch oder Konserve, zerteilt
200 g Tofu, in Streifen geschnitten
  5 RS Wasser
  3 EL Reiswein
1⅔ TL Salz
 ½ TL Pfeffer, gemahlen
1½ EL Zucker
  1 EL Glutamat
  3 EL Kartoffelmehl, mit 6 EL Wasser angerührt
  3 EL Sesamöl
 10 g Petersilie, fein gehackt

Vorbereitung Die Blumenpilze abgiessen, gut abtropfen lassen und in Streifen schneiden.

Zubereitung In einer Kasserolle das Wasser zum Kochen bringen. Den Tofu und die Pilze in die Pfanne geben und 5 Minuten kochen lassen. Den Reis-

wein dazugeben. Mit Salz, Pfeffer, Zucker und Glutamat würzen. Das angerührte Kartoffelmehl beigeben, aufkochen und andicken lassen. Mit Sesamöl abschmecken. Die Suppe mit Schnittlauch bestreuen und servieren.

Tofusuppe

50 g Glasnudelblätter
⅔ l Gemüsebouillon (Seite 125)
1 Tomate, enthäutet, in Streifen geschnitten
20 g Bambus (Konserve), in Streifen geschnitten
40 g Tofu, in kleine Würfel geschnitten
2 Spinatblätter
1⅔ TL Salz
¼ TL Pfeffer, frisch gemahlen
2 EL Zucker
1 TL Sesamöl
1 TL Schnittlauch, fein geschnitten

Vorbereitung Die Glasnudelblätter 30 Minuten in heissem Wasser einweichen. Abgiessen, gut abtropfen lassen und in kleine Stücke schneiden.

Zubereitung Die Gemüsebrühe zum Kochen bringen. Die Glasnudeln zugeben und 5 Minuten kochen lassen. Die Tomaten, den Bambus, Tofu und Spinat zugeben und kurz ziehen lassen. Mit Salz, Pfeffer, Zucker und Glutamat würzen. Die Suppe in 2 Schalen geben, mit Sesamöl beträufeln, mit Schnittlauch bestreuen und servieren.

Bok-Choy-Salat

700 g Bok-Choy
2 l Wasser
5 EL Sa-che-chiang-Sauce
4 EL Knoblauch, fein gehackt
3 EL Ingwer, fein gehackt
20 g Frühlingszwiebeln, klein geschnitten
2 EL Sesampaste
5 EL Sesam- oder Salatöl
1½ TL Sambalpaste
⅔ TL Salz
½ TL Pfeffer, frisch gemahlen
1 EL Zucker
2 EL klarer Schnaps

Vorbereitung Den Bok-Choy gut waschen und die Blätter in grosse Stücke teilen. Das Wasser zum Kochen bringen und den Bok-Choy 1 Minute blanchieren. Abgiessen, unter fliessendem kaltem Wasser abschrecken und gut abtropfen lassen.

Zubereitung Den Bok-Choy auf einer Platte anrichten. Den Knoblauch, Ingwer und die Frühlingszwiebeln in eine kleine Schüssel geben und mit allen übrigen Zutaten zu einer Sauce verrühren. Die Sauce über den Bok-Choy geben. Den Salat vor dem Servieren 30 Minuten im Kühlschrank ziehen lassen.

Salat von eingelegtem Sauergemüse

500 g eingelegtes Sauergemüse, in Streifen geschnitten
50 g junger Ingwer, in feine Streifen geschnitten
2 EL Essig (25 %)
¼ RS Chiliöl
1 TL Pfeffer, frisch gemahlen
4 EL Zucker
½ EL Glutamat

Vorbereitung Das Sauergemüse 30 Minuten in kaltes Wasser einlegen. Abgiessen, sehr gut abtropfen lassen und in feine Streifen schneiden.

Zubereitung Das Sauergemüse in eine Schüssel geben und den Ingwer untermischen. Essig und Öl dazugeben. Mit Pfeffer, Zucker und Glutamat würzen und gut durchmischen. Den Salat vor dem Servieren mindestens 1 Stunde im Kühlschrank ziehen lassen.

Anmerkung Sauergemüse wird in Deutschland und in der Schweiz von verschiedenen Produzenten auf den Markt gebracht. Die Produkte unterscheiden sich in Salzgehalt, Säure und Konsistenz. Je nachdem muss vor dem Servieren etwas nachgesalzen werden.

Lunja-Salat

200 g Weisskohl
200 g Karotten
200 g Rettich
3 TL Salz
1 RS Zucker
1½ RS Essig (5 %)
100 g Sojabohnenkeimlinge
1 TL Schnittlauch, grob geschnitten

Vorbereitung Den Weisskohl putzen, waschen und in Streifen schneiden. Die Karotten und den Rettich schälen und in Streifen schneiden. Die Gemüse in eine Schüssel geben, mit dem Salz bestreuen und 1 Stunde ziehen lassen. Gut abspülen und abtropfen lassen. In einer Schüssel den Zucker mit dem Essig verrühren. Die Gemüse mindestens 1 Stunde darin einlegen. (Je länger, desto besser, am besten etwa einen Tag.) Die Sojabohnenkeimlinge in kochendem Wasser 1 Minute blanchieren, sofort kalt abschrecken und trocken schleudern.

Zubereitung Die eingelegten Gemüse aus der Marinade heben und abtropfen lassen. In einer Schüssel mit den Sojabohnenkeimlingen mischen, mit einigen Löffeln Marinade beträufeln und mit Schnittlauch bestreuen. Den Salat vor dem Servieren 15 Minuten kühl stellen.

Gurkensalat
mit Glasnudelblättern

400 g	junge, kleine Gurken
2	Glasnudelblätter
100 g	Knoblauch, Frühlingszwiebeln und Ingwer, zu gleichen Teilen, fein gehackt
½ RS	Sesampaste
3 EL	Essig (25 %)
2½ EL	Zucker
2 EL	Weisswein oder Reiswein
1½ TL	Salz
2½ EL	Sojasauce
3 EL	Chiliöl
½ TL	Sechuanpfeffer

Vorbereitung Die Gurken waschen, mit einem Küchenbeil oder einem breiten Messer flach klopfen und dreimal quer durchschneiden. Die Glasnudelblätter eine Stunde in heissem Wasser einweichen. Dann abgiessen, abtropfen lassen und in kleine Stücke schneiden.

Zubereitung In einer Schüssel die Gurken und die Glasnudeln mit Knoblauch, Frühlingszwiebeln und Ingwer mischen. Die übrigen Gewürze dazugeben und mindestens 1½ Stunden im Kühlschrank ziehen lassen.

Anmerkung Lassen Sie dieses Sommergericht möglichst lange ziehen. Es gewinnt nur an Geschmack.

Chinakohlsalat
mit scharfer Sauce

1 kg	Chinakohl
60 g	Salz
3 l	Wasser
5 g	Sechuanpfeffer
wenig	Öl
10 g	frischer Ingwer, fein gehackt
10 g	frischer Knoblauch, fein gehackt
2 EL	Essig (25 %)
4 EL	Zucker
100 g	Chilipulver
2 EL	Glutamat

Vorbereitung Den Chinakohl waschen und je nach Grösse halbieren oder in Viertel schneiden. Den Kohl in ein irdenes Gefäss geben, mit Salz bestreuen, gut untermischen und vollständig mit Wasser bedecken. Am folgenden Tag den Kohl aus der Flüssigkeit heben und mit den Händen das Wasser herauspressen. In einer Schüssel beiseite stellen. Den Sechuanpfeffer in etwas Öl kurz rösten. Zusammen mit dem Ingwer, Knoblauch, Essig, Zucker, dem Chilipulver und Glutamat zum Kohl geben und gut daruntermischen. Vollständig mit Wasser bedecken (eventuell mit einem Brettchen oder einem Teller beschweren) und 3 Tage an einem kühlen Ort ziehen lassen.

Zubereitung Die Kohlblätter aus dem Topf heben und die Flüssigkeit auspressen. 30 Minuten in den Kühlschrank stellen. In kleine Stücke geschnitten servieren.

Anmerkung Die Chilischoten lassen sich mit einem Cutter mahlen, oder sie können gemahlen im Handel bezogen werden. Wichtig ist, dass das Pulver sehr fein ist.
Dieses Rezept stammt aus Shantong und ist in China unter dem Namen Shantong-Gemüse bekannt.

Dreierlei-Gemüse-Salat

250 g Karotten
250 g Rettich
  2 TL Salz
150 g junger Stangensellerie
  3 EL Speiseöl
  2 EL Essig (25 %)
  2 EL Sesamöl
  5 EL Chiliöl
  ½ TL Salz
  ½ TL Pfeffer, frisch gemahlen
  1 EL Glutamat
1 ½ TL Zucker

Vorbereitung Die Karotten und den Rettich schälen und in Streifen schneiden. In eine Schüssel geben, mit Salz bestreuen und 1 Stunde ziehen lassen. Den Sellerie rüsten und in kochendem Wasser 2 Minuten blanchieren. Abgiessen und 20 Minuten in kaltes Wasser legen. Karotten und Rettich gut abspülen und den Sellerie abtropfen lassen.

Zubereitung Eine Pfanne vorbereiten (Seite 25). 3 EL Öl in die Pfanne geben und erhitzen. Das Gemüse hineingeben und 1 Minute braten. Unter ständigem Wenden den Essig, das Öl und die Gewürze beigeben. Die Gemüse aus der Pfanne heben. In eine Schüssel geben, abkühlen lassen und 1 Stunde im Kühlschrank ziehen lassen.

Anmerkung Für dieses Gericht braucht das Gemüse nicht unbedingt angebraten zu werden. Es kann auch roh beziehungsweise blanchiert auf Tellern angerichtet und gewürzt werden. Sehr viel bekömmlicher wird das Gericht, wenn es einen Tag im voraus zubereitet wird.

Bittermelonensalat

500 g	Bittermelone
3 RS	Wasser
2 RS	Eiswürfel
	Sauce
4 EL	Sesampaste
1 EL	Essig (25 %)
2 TL	Chiliöl
3 EL	Salatöl
1 ½ EL	Knoblauch, fein gehackt
2 EL	Sojasauce
3 EL	Wasser
1 TL	weisser Pfeffer, frisch gemahlen

Vorbereitung Die Bittermelone waschen, der Länge nach halbieren und die Kerne herausschaben. Die Frucht in sehr dünne Scheiben schneiden. Eiswürfel und Wasser in eine Schüssel geben und die Melonenscheiben darin 1 Stunde ziehen lassen.

Zubereitung In einer kleinen Schüssel die Sesampaste mit dem Essig anrühren und das Öl dazugeben. Den Knoblauch, die Sojasauce und das Wasser beigeben. Mit Pfeffer würzen. Die Bittermelone sehr gut abtropfen lassen und auf einer Platte anrichten. Die Sauce wird als Dip separat dazu serviert.

Anmerkung In Westeuropa ist Bittermelone nur in wenigen Geschäften mit asiatischen Produkten erhältlich und leider auch sehr teuer.

Eisberg-Gemüse-Salat

20 g	Glasnudeln
150 g	Eisbergsalat, die Blätter zerkleinert
100 g	Karotten
100 g	Sojabohnenkeimlinge
120 g	Tofu
	Öl zum Fritieren
1 RS	Wasser
⅔ RS	Erdnusspaste
1 ½ EL	Essig (25 %)
1 EL	Sambalpaste
2 ½ EL	Zucker

Vorbereitung Die Glasnudeln 30 Minuten in warmem Wasser einweichen. Die Karotten schälen, in Streifen schneiden und in kochendem Wasser knackig garen. Die Sojabohnenkeimlinge in kochendem Wasser 3 Minuten blanchieren. Abgiessen und abtropfen lassen. 30 Minuten in kaltes Wasser einlegen. Die Glasnudeln abgiessen, abtropfen lassen und etwas zerkleinern. Den Tofu in Streifen schneiden.

In einer Pfanne Fritieröl erhitzen und den Tofu 3 Minuten fritieren. Herausheben und gut abtropfen lassen. Eine Pfanne vorbereiten (Seite 25).

Zubereitung Das Wasser in die Pfanne geben und erhitzen. Die Erdnusspaste einrühren, dann den Essig, die Sambalpaste und den Zucker dazugeben. Unter ständigem Rühren die Sauce so lange heiss werden lassen, bis das Öl aus der Erdnusspaste austritt. Die Sauce sollte eine cremige Konsistenz haben. Falls sie zu dick ist, kann sie mit Wasser verdünnt werden.

Eisbergsalat, Karottenstreifen und Sojabohnenkeimlinge in einer Schüssel mischen. Die Sauce wird separat dazu gereicht.

Anmerkung Man kann auch Kokosmilch zum Verdünnen der Sauce verwenden. Der Salat sollte nicht im Kühlschrank aufbewahrt werden; das Erdnussöl würde hart.

Salat von grünem Spargel

700 g junger grüner Spargel
1½ l Wasser
20 g Knoblauch, sehr fein gehackt
20 g frischer Ingwer, sehr fein gehackt
10 g Chili, sehr fein gehackt
1½ EL Essig (25 %)
3 EL Reiswein
8 EL Salatöl
1½ EL Zucker
2 TL Salz
4 EL Sesamöl
3 EL Sa-Cha-Chiang-Sauce
4 EL Sojasauce

Vorbereitung Die Spargel schälen und in etwa 3 cm lange Stücke schneiden. In einer Kasserolle das Wasser zum Kochen bringen und die Spargel 2–3 Minuten blanchieren. Aus der Pfanne heben und 20–30 Minuten in kaltem Wasser abkühlen lassen. Sehr gut abtropfen lassen.

Zubereitung Die Spargel in eine Schüssel geben. Knoblauch, Ingwer und Chili untermischen. Essig, Reiswein und das Öl mit den restlichen Gewürzen vermengen. Die Sauce über die Spargel geben und vorsichtig mischen. Den Salat vor dem Servieren mindestens 2 Stunden im untersten Fach im Kühlschrank ziehen lassen.

Anmerkung Dieses Sommergericht schmeckt am besten, wenn es möglichst lange im Kühlschrank ziehen kann. Reste können ohne weiteres auch noch am folgenden Tag serviert werden.

Spinatsalat

- 600 g Spinat
- 40 g Knoblauch, fein gehackt
- 20 g frischer Ingwer, fein gehackt
- 20 g frische Chilischote, fein gehackt
- 1½ EL Essig (25 %)
- 5 EL Salatöl
- ½ TL Salz
- 2 EL Zucker
- 8 EL Sojasauce

Vorbereitung Den Spinat waschen und die Stiele entfernen. Grosse Blätter zerkleinern. In kochendem Wasser 2 Minuten blanchieren. In ein Sieb abschütten und unter fliessendem kaltem Wasser 10 Minuten abkühlen. Sehr gut abtropfen lassen.

Zubereitung Den Spinat in eine Schüssel geben. Knoblauch, Ingwer und Chili untermischen. Den Essig und das Öl unterrühren. Mit Salz, Zucker und Sojasauce würzen. 30 Minuten kühl stellen. Anrichten und servieren.

Anmerkung Chinesischer Spinat ist im Gegensatz zum europäischen milder und zarter.

Scharfer Kohlsalat

- 170 g Weisskohl
- 170 g Karotten
- 150 g Rettich
- 3 TL Salz
- 1 RS Zucker
- 1½ RS Essig (5 %)
- 10 EL Öl
- 5 g Sechuanpfeffer
- 10 g Chilischoten, getrocknet

Vorbereitung Den Weisskohl waschen, putzen und in Streifen schneiden. Die Karotten und den Rettich schälen und in Streifen schneiden. Die Gemüse in eine Schüssel geben, mit Salz bestreuen, gut mischen und 1–2 Stunden ziehen lassen. Abgiessen, gründlich abspülen und abtropfen lassen. In einer Schüssel den Zucker mit dem Essig verrühren und die Gemüse mindestens 1 Stunde darin einlegen. (Je länger, desto besser, aber nicht länger als einen Tag.) Die Chilischoten sehr fein hacken. Eine Pfanne vorbereiten (Seite 25).

Zubereitung Das Öl in die Pfanne geben und erhitzen. Den Sechuanpfeffer und den Chili 1 Minute anbraten. Öl und Gewürze in ein Sieb geben und das Öl in einer Schale auffangen. Die Gemüse aus der Marinade heben, in eine Schüssel geben und mit dem gewürzten Öl mischen. Die Schüssel 20 Minuten in den Kühlschrank stellen. Den Salat vor dem Servieren in ein Sieb geben und die Flüssigkeit abtropfen lassen.

Pikanter Spitzkohlsalat

- 450 g Spitzkohl
- 50 g junger Ingwer, in Streifen geschnitten
- 15 g frische Chilischote, in Streifen geschnitten
- 2 TL Sechuanpfeffer, gemahlen
- 5 EL Sesamöl
- 5 EL Speiseöl
- 3 EL weisser Essig (25 %)
- ½ TL Salz
- 2 EL Zucker

Vorbereitung Den Spitzkohl waschen, zerpflücken und die Rippen sorgfältig entfernen. Reichlich Wasser zum Kochen bringen und den Spitzkohl 2 Minuten blanchieren. Abgiessen, kalt abspülen und gut abtropfen lassen.

Zubereitung In einer Schale den Ingwer, Chili und Sechuanpfeffer mischen. In einer kleinen Pfanne das Speiseöl und das Sesamöl erhitzen, heiss über die Ingwermischung giessen und gut verrühren. Den Spitzkohl in eine Schüssel geben. Die Ölmischung, den Essig, das Salz und den Zucker dazugeben und sorgfältig mischen. Den Salat im Kühlschrank mindestens 1 Stunde ziehen lassen.

Anmerkung Dieses Rezept stammt aus Sechuan. In China wird diese Spitzkohlzubereitung oft zusammen mit anderen Kleinigkeiten als «Amusebouche» serviert.

Kohlrabisalat

800 g Kohlrabi (Nettogewicht)
1½ TL Salz
3 EL Sesamkörner
3 EL Knoblauch, klein gehackt und zerdrückt
3 EL Ingwer, fein gehackt
3 EL Zucker
3 EL Essig (25%)
2 EL Chiliöl
1 TL weisser Pfeffer, frisch gemahlen
1½ TL Salz

Zubereitung Den Kohlrabi schälen, halbieren und die Schnittflächen kreuzweise diagonal etwa 1 cm tief einschneiden. Die Hälften je nach Grösse nochmals halbieren oder dritteln und in feine Scheiben schneiden.
Den Kohlrabi in eine Schüssel geben, mit Salz bestreuen, gut mischen und 20 Minuten ziehen lassen. Dann den Kohlrabi wässern (um das Salz gründlich zu entfernen) und abtropfen lassen. Das Gemüse in eine Schüssel geben. In einer kleinen Schale alle Gewürze gut vermengen, über den Kohlrabi geben, etwa 30 Minuten im Kühlschrank ziehen lassen und dann servieren.

Anmerkung Dieser Salat hält sich bei kühler Lagerung bis zu zwei Wochen. Während der heissen Jahreszeit schmeckt er besonders gut. Je nach persönlichem Geschmack kann etwas weniger Chiliöl verwendet werden.

Salat von grünen Gurken

550 g junge, kleine Gurken
1 EL Salz
3 EL Wasabi, mit 2 EL lauwarmem Wasser angerührt
40 g Knoblauch, fein gehackt
20 g Ingwer, fein gehackt
2 EL Essig (25%)
8 EL Salatöl
1 TL Salz
1½ TL Pfeffer, frisch gemahlen
1½ EL Zucker
1½ EL Glutamat

Vorbereitung Die Gurken waschen, mit einem breiten Messer flach drücken und dreimal quer durchschneiden. Die Gurken in eine Schüssel geben, mit einem Esslöffel Salz mischen und 20 Minuten ziehen lassen. Abgiessen, waschen und gut abtropfen lassen. Den mit dem Wasser angerührten Wasabi zugedeckt 15 Minuten ziehen lassen.

Zubereitung Die Gurken mit dem Knoblauch, Ingwer und Wasabi mischen. Essig und Öl beigeben. Mit Salz, Pfeffer, Zucker und Glutamat würzen und gut durchmischen. Den Salat vor dem Servieren mindestens 20–30 Minuten im Kühlschrank ziehen lassen.

Anmerkung Für dieses Rezept sollte man unbedingt junge, kleine Gurken verwenden. Sie sind oft in türkischen Lebensmittelgeschäften erhältlich.

Gebratene chinesische Salzrettiche

400 g getrocknete chinesische Salzrettiche
3 EL schwarze Bohnen, fermentiert
5 EL Speiseöl
2 EL Chilischoten, fein gehackt (oder 2 EL Sambal Oelek)
2 EL Knoblauch, fein gehackt
1 EL Zucker
½ TL weisser Pfeffer, frisch gemahlen
Salz nach Belieben

Vorbereitung Die Salzrettiche klein schneiden und 20 Minuten in warmem Wasser einweichen. Die Bohnen 20 Minuten einweichen. Die Rettiche abgiessen und das Wasser ausdrücken. Die Bohnen abgiessen, gut abspülen und abtropfen lassen. Eine Pfanne vorbereiten (Seite 25).

Zubereitung 2 EL Öl in die Pfanne geben und erhitzen. Die Rettiche hineingeben und 2 Minuten pfannenrühren. In ein Sieb geben und abtropfen lassen. Die Pfanne erneut erhitzen und 3 EL Öl hineingeben. Den Chili kurz anbraten. Den Knoblauch hinzufügen und kurz anbraten. Die Bohnen zugeben und 30 Sekunden braten. Die Rettiche zugeben und gut wenden. Mit Zucker und Pfeffer würzen und während 1 Minute ständig rühren. Auf eine Platte geben und abkühlen lassen. Das Gericht schmeckt am besten, wenn es 2 Tage im Kühlschrank gestanden hat.

Anmerkung Dies ist ein ländliches Gericht, das in China sehr beliebt ist. Für die Zubereitung der Salzrettiche 1,2 kg weissen Rettich (am besten sind kleine Sommerrettiche) längs in etwa 15 cm lange Scheiben schneiden, auf einem Papier auslegen und je nach Temperatur 3–6 Tage trocknen lassen. Dann die Rettiche in einen Steinguttopf schichten. ¼ Reisschale Salz und ¼ Reisschale Kao-Liang-Schnaps dazugeben und gut durchmischen. Den Topf zudecken und die Rettiche 1 Woche ziehen lassen. Herausheben, auf Papier auslegen und nochmals 2 Tage trocknen lassen. Der Rettich ist jetzt zum Verbrauch bereit und kann, in Glasbehältern, im Kühlschrank aufbewahrt werden.

Gebratener junger Bambus

440 g junger Bambus
1 l Wasser
10 EL Speiseöl
25 g Chilischote
20 g Knoblauch, fein gehackt
1 TL Salz
1½ EL Zucker
2 TL Glutamat
3 EL gelbe Bohnenpaste oder helle Sojasauce
½ RS Gemüsebouillon (Seite 125) oder Wasser

Vorbereitung Den Bambus platt drücken und in schmale Streifen reissen. Die Streifen in 7 cm lange Stücke schneiden. Eine Pfanne vorbereiten (Seite 25).

Zubereitung In einer Kasserolle das Wasser zum Kochen bringen und die Bambusstücke etwa 2 Minuten blanchieren. Durch ein Sieb abschütten und gut abtropfen lassen. Das Öl in die Pfanne geben und erhitzen. Den Chili und den Knoblauch kurz anbraten, die Bambusstreifen dazugeben und gut wenden. Mit Salz, Zucker und Glutamat würzen. Die Bohnenpaste unterrühren, mit der Gemüsebrühe ablöschen und 2 Minuten kochen lassen. In einer Schüssel anrichten und sofort servieren.

Anmerkung Anstelle von gelber Bohnenpaste kann helle Sojasauce verwendet werden. In China ist dies ein sehr bekanntes Gericht. Es wird während der Sommermonate – vor allem abends – im Strassenverkauf als Imbiss angeboten.

Gebratene grüne Bohnen

420 g grüne Bohnen
 30 g rote, milde Chilischoten
  5 g frischer Ingwer
 6 EL Öl
 1 TL Salz
 2 TL Glutamat
 1 EL Zucker
 3 EL Wasser
 ½ TL Kartoffelmehl, mit 2 EL Wasser angerührt
 1 EL Karottenöl

Vorbereitung Die grünen Bohnen waschen, putzen und diagonal in 5–6 cm lange Stücke schneiden. Die Chilischote waschen und entkernen, den Ingwer schälen und beide in diagonale Stücke schneiden. Eine Pfanne vorbereiten (Seite 25).

Zubereitung Die Pfanne erhitzen, Öl hineingeben und den Ingwer leicht bräunen. Die Bohnen dazugeben und unter ständigem Wenden 2–3 Minuten anbraten. Mit Salz, Glutamat und Zucker würzen, mit Wasser ablöschen und 1 Minute kochen lassen. Das angerührte Kartoffelmehl dazugeben und etwas andicken lassen. Den Chili und das Karottenöl unterrühren und die Bohnen sofort servieren.

Sojabohnenkeimlinge mit Sechuan-Gemüse

100 g	Karotten, in Streifen geschnitten
550 g	Sojabohnenkeimlinge
30 g	Holzohrenpilze, eingeweicht (Seite 125)
30 g	Sechuan-Gemüse, in Streifen geschnitten und in Wasser eingeweicht
10 EL	Öl
1 EL	Knoblauch, fein gehackt
1½ TL	Salz
¼ TL	Pfeffer, frisch gemahlen
1½ EL	Zucker
1 EL	Glutamat
5 EL	Gemüsebouillon (Seite 125)
50 g	Frühlingszwiebeln, fein geschnitten
1½ TL	Kartoffelmehl, mit 3 EL Wasser angerührt
	Sesamöl

Vorbereitung In einer Pfanne Wasser zum Kochen bringen und die Karotten und die Sojabohnenkeimlinge 1 Minute blanchieren. Abgiessen und gut abtropfen lassen. Beiseite stellen. Die Pilze und das Sechuan-Gemüse abgiessen und gut abtropfen lassen. Die Pilze je nach Grösse zerkleinern. Eine Pfanne vorbereiten (Seite 25).

Zubereitung 10 EL Öl in die Pfanne geben und erhitzen. Den Knoblauch kurz anbraten. Die Karotten, das Sechuan-Gemüse, die Pilze und die Sojabohnenkeimlinge beigeben und 1 Minute braten. Mit Salz, Pfeffer, Zucker und Glutamat würzen und mit der Gemüsebrühe ablöschen. Die Frühlingszwiebeln dazugeben und aufkochen lassen. Das angerührte Kartoffelmehl untermischen und andicken lassen. Mit Sesamöl abschmecken und sofort servieren.

Anmerkung Um den stark salzigen Geschmack des Sechuan-Gemüses zu mildern, legt man es etwa 30 Minuten in die doppelte Menge Wasser ein.

Sauerkohlgemüse mit jungem Bambus

200 g	Sauerkohl, in kleine Streifen geschnitten
200 g	junger Bambus, in kleine Streifen geschnitten (Konserve oder getrocknet)
	Öl zum Fritieren
10 g	Ingwer, in Streifen geschnitten
2 TL	Knoblauch, gehackt
3 EL	Zucker
½ TL	Salz
½ EL	Glutamat
2 EL	Essig (25 %)
½ TL	weisser Pfeffer, frisch gemahlen

Vorbereitung Den Sauerkohl etwa 1 Stunde einweichen. Das Wasser abgiessen und den Kohl gut auspressen. Verwendet man getrockneten Bambus, muss dieser 2–3 Tage in Wasser eingeweicht werden. Vor Gebrauch gut abtropfen lassen. Eine Pfanne vorbereiten (Seite 25).

Zubereitung In die erhitzte Pfanne reichlich Öl geben und heiss werden lassen. Den Bambus darin 1 Minute fritieren, herausheben und das Öl abgiessen. Die Pfanne wieder auf den Herd setzen. 5 EL Öl erhitzen und den Ingwer und den Knoblauch 30 Sekunden anbraten. Den Sauerkohl und den fritierten Bambus dazugeben und wenden. Die Gewürze untermischen und unter Wenden 2 Minuten braten. Das Gemüse aus der Pfanne heben, abkühlen lassen und servieren.

Anmerkung Dieses Sommergericht schmeckt am besten kalt. Es wird häufig als Beilage zu Reissuppe gereicht.

Neun-Köstlichkeiten-Gemüse

40 g getrocknete Blumenpilze
350 g Wasserkastanien, gewürfelt (Konserve)
80 g Bambussprossen, gewürfelt
40 g roter Paprika (Peperoni), entkernt, gewürfelt
20 g Erbsen
80 g Tofu

Sauce
2 EL süsse Bohnenpaste, mit 1½ EL Zucker verrührt
4 TL Sojasauce
4 TL Reiswein
3 EL Essig (5 %)
2 dl Gemüsebouillon (Seite 125)
4 EL Wasser
2 EL Glutamat
1 TL Pfeffer, frisch gemahlen
2 TL Sesamöl
2 TL Kartoffelmehl

12 EL Öl
2 EL Sambalpaste
4 TL Knoblauch, fein gehackt
20 g geröstete Erdnusskerne

Vorbereitung Die Blumenpilze 30 Minuten in warmem Wasser einweichen. Abgiessen und in Würfel schneiden. Alle Gemüse in etwas heissem Öl anbraten und beiseite stellen. Den Tofu in Würfel schneiden und in heissem Öl etwa 1 Minute fritieren. Den Tofu aus der Fritüre heben, abtropfen lassen und beiseite stellen.

In einer kleinen Schüssel die süsse Bohnenpaste, Sojasauce, Reiswein, Essig, Gemüsebrühe und das Wasser mit Pfeffer, Glutamat, Sesamöl und Kartoffelmehl vermengen. Eine Pfanne vorbereiten (Seite 25).

Zubereitung Das Öl erhitzen und die Sambalpaste kurz anbraten. Den Knoblauch dazugeben und anbräunen. Die Gemüse und den Tofu beigeben und unter ständigem Wenden etwa 2 Minuten braten. Die Gewürzmischung zugiessen und nach 30 Sekunden die Erdnüsse einstreuen, kurz mischen und gleich servieren.

Auberginen mit Basilikum

500 g junge kleine Auberginen
6 EL Speiseöl
2 kleine Schalotten, fein gehackt
4 EL helle Sojasauce
1 TL weisser Pfeffer, frisch gemahlen
1¼ EL Zucker
½ TL Salz
½ RS Wasser
2 EL scharfe Sojasauce
40 g frisches Basilikum, gezupft
2 EL Sesamöl

Vorbereitung Die Auberginen diagonal in 1½ cm dicke Scheiben schneiden. Eine Pfanne vorbereiten (Seite 25).

Zubereitung Das Öl in die Pfanne geben und erhitzen. Die Schalotten darin anbraten. Die Auberginenscheiben dazugeben und unter ständigem Wenden 1½ Minuten braten. Die helle Sojasauce, den Pfeffer, Zucker und das Salz beigeben und gut mischen. Mit Wasser ablöschen und auf kleiner Flamme 15 Minuten kochen lassen. Die scharfe Sojasauce und das Basilikum dazugeben; zugedeckt 3 Minuten kochen lassen. Mit Sesamöl beträufeln und servieren.

Anmerkung Auberginen beeinträchtigen die Wirkung homöopathischer Mittel und sollten daher nicht gleichzeitig mit diesen eingenommen werden.

Gebratene Sojabohnen im Teigmantel

Gemüsefüllung
5 EL Speiseöl
400 g Sojabohnenkeimlinge
½ TL Salz
¼ TL Pfeffer, frisch gemahlen
1 TL Zucker

Brotteig
1 RS Mehl
⅓ RS heisses Wasser
Öl zum Bepinseln

Sauce
2 EL süsse Bohnenpaste
5 EL Reiswein
5 EL Sesamöl
2 EL Zucker
½ EL Sambalpaste
3 EL Wasser

1 Stück Lauch, etwa 2 cm Durchmesser, 6 cm lang

Vorbereitung Eine Pfanne vorbereiten (Seite 25). 5 EL Öl in die Pfanne geben und erhitzen. Die Sojabohnenkeimlinge zugeben und mehrmals wenden. Zudecken und bei mittlerer Hitze 1 Minute ziehen lassen. Mit Salz, Pfeffer und Zucker würzen und unbedeckt 1 Minute ziehen lassen. Die Keimlinge wenden und weitere 2 Minuten garen. In ein Sieb geben und die Kochflüssigkeit abtropfen lassen. Auf einer Platte anrichten und warm halten. Für den Teig in einer Schüssel das Mehl mit dem Wasser mischen und zu einem glatten Teig kneten. Er darf weder zu feucht noch zu fest sein. Den Teig zu einer Rolle formen und in 10 Stücke schneiden. Die Schnittflächen auf einer Seite mit Öl bepinseln und je zwei Teigstücke mit den beölten Seiten aufeinanderlegen. Den Teig zu Rondellen von etwa ½ cm Dicke und 10–12 cm Durchmesser ausrollen.

Zubereitung Eine Bratpfanne sehr stark erhitzen und zweimal mit einem in Öl getränkten Küchenkrepp ausreiben. Die Hitze reduzieren und die Teigrondellen einzeln in der Pfanne braten, bis dunkle Punkte sichtbar werden. Die beiden Schichten der Rondellen voneinander trennen und jede einzeln, mit der beölten Seite nach innen, einmal überschlagen. Auf einer Platte anrichten und warm halten.

Für die Sauce eine Pfanne gut erwärmen. Alle Zutaten hineingeben und verrühren. 1 Minute köcheln lassen und in eine Reisschale giessen.

Den Lauch mit einem scharfen Messer der Länge nach an mehreren Stellen einschneiden, so dass eine Art Pinsel entsteht. Den «Lauchpinsel» in die Sauce tauchen und damit das Innere der Teigtaschen bestreichen; einige Sojabohnenkeimlinge dazulegen. Dann wird der Teig aufgerollt und gegessen.

Zwiebelgemüse

8 EL Öl
550 g Gemüsezwiebeln, in dünne Scheiben geschnitten
200 g Frühlingszwiebeln, in feine Ringe geschnitten
¼ TL Pfeffer, frisch gemahlen
2 EL Zucker
8 EL dunkle Sojasauce
2 TL Sesamöl

Zubereitung Eine Pfanne vorbereiten (Seite 25). Das Öl in die Pfanne geben und erhitzen. Die Zwiebeln 1 Minute darin anbraten; die Frühlingszwiebeln beigeben und 3 Minuten weiterbraten. Mit Pfeffer, Zucker und Sojasauce würzen und gut mischen. Mit Sesamöl beträufeln und servieren.

Anmerkung Für dieses Gericht ist keine Gemüsebrühe notwendig. Die Zwiebeln geben genügend Aroma.

Gebratener Tofu mit Spitzkohl

150 g Tofu
       Öl zum Fritieren
1½ EL süsse Bohnensauce
 1 EL Sambalpaste
1½ EL Zucker
 3 EL Sojasauce
 8 EL Wasser
 2 EL Reiswein
 2 EL Sesamöl

       Öl zum Braten
300 g Spitzkohl, in mundgerechte Stücke gerissen
100 g Bambussprossen (Konserve), abgetropft,
       in Würfel geschnitten
 80 g Lauch, in grobe Ringe geschnitten
1½ TL Kartoffelmehl, mit 3 EL Wasser angerührt

Vorbereitung Den Tofu in etwa ½ cm dicke Scheibchen schneiden. In Öl 2–3 Minuten fritieren. Herausheben und abtropfen lassen.

Alle Gewürze in einer Schale vermischen. Eine Pfanne vorbereiten (Seite 25).

Zubereitung Öl in der Pfanne erhitzen. Den Spitzkohl und die Bambussprossen etwa 30 Sekunden anbraten. Den Lauch hinzufügen und kurz mitbraten. In ein Sieb geben und gut abtropfen lassen. Das restliche Öl aus der Pfanne abgiessen.

Die Pfanne wieder auf den Herd setzen, 5 EL Öl hineingeben und erhitzen. Das Gemüse und den Tofu darin nochmals 1 Minute unter Wenden braten. Die Gewürzmischung zugeben, gut daruntermischen und 1 Minute weiterbraten. Das angerührte Kartoffelmehl dazugeben und andicken lassen. Das Gemüse aus der Pfanne heben und servieren.

Kurzgebratener grüner Spargel

600–650 g junger grüner Spargel
1½ l Wasser
5 EL Speiseöl
10 g Knoblauch, fein gehackt und zerquetscht
1 TL Salz
¼ TL weisser Pfeffer, frisch gemahlen
1 EL Zucker
1½ TL Glutamat
1 TL Kartoffelmehl, mit 4 EL Wasser angerührt
8 EL Wasser
2 EL Karottenöl (Seite 23)

Vorbereitung Den Spargel schälen und in mundgerechte Stücke schneiden. In einer Kasserolle das Wasser zum Kochen bringen und den Spargel 3–4 Minuten blanchieren. Sofort herausheben und in kaltem Wasser abkühlen. Eine Pfanne vorbereiten (Seite 25).

Zubereitung 5 EL Öl in die Pfanne geben und erhitzen. Den Knoblauch kurz anbraten. Den Spargel in die Pfanne geben und unter ständigem Rühren 1–2 Minuten braten. Salz, Pfeffer, Zucker, Glutamat und das angerührte Kartoffelmehl zugeben und alles gut mischen. Nach 2 Minuten 8 EL Wasser zugiessen und kurz aufkochen lassen. Den Spargel anrichten, mit Karottenöl beträufeln und servieren.

Anmerkung Den Spargel nicht zu lange kochen. Er sollte knackig sein. Für dieses Gericht kann ebensogut weisser Spargel verwendet werden.
Aus Spargel lässt sich ein bekömmlicher Saft herstellen. Man kocht den Spargel 5 Minuten in mit etwas Zucker gesüsstem Wasser. Anschliessend im Mixer pürieren und die Spargelmasse durch ein Sieb streichen. Den Saft etwa 2 Stunden kühl stellen.

Gebratene Zuckererbsen

550 g Zuckererbsen (Kefen)
1 l Wasser
⅓ RS Gemüsebouillon (Seite 125)
1 TL Salz
⅓ TL Pfeffer, frisch gemahlen
2 TL Zucker
2 TL Glutamat
5 EL Speiseöl
1 EL Knoblauch, gepresst
1 TL Kartoffelmehl, mit 2 EL Wasser angerührt
2 EL Karottenöl (Seite 23)

Vorbereitung Von den Zuckererbsen die Enden und die Fäden entfernen, grosse halbieren. In einer Kasserolle das Wasser zum Kochen bringen und die Zuckererbsen 1–2 Minuten blanchieren. Abgiessen, unter fliessendem kaltem Wasser abschrecken und gut abtropfen lassen. In einer kleinen Schüssel die Gemüsebrühe mit Salz, Pfeffer, Zucker und Glutamat mischen. Eine Pfanne vorbereiten (Seite 25).

Zubereitung Das Öl in die Pfanne geben und erhitzen. Den Knoblauch kurz anbraten und die Zuckererbsen beigeben und gut darin wenden. Die Gewürzmischung dazugeben, gut untermischen und das Gemüse 1 Minute kochen lassen. Das angerührte Kartoffelmehl zugeben und andicken lassen. Mit Karottenöl abschmecken und servieren.

Anmerkung Es ist von Vorteil, die Zuckererbsen vor dem Kochen eine dreiviertel Stunde in kaltes Wasser zu legen. Sie saugen dadurch Wasser auf und bleiben knackiger.

Zuckererbsen mit Mandeln gebraten

- 80 g Blumenpilze
- 40 g roter Paprika (Peperoni), entkernt, in grössere Stücke geschnitten
- 200 g Bambussprossen, in Scheiben geschnitten
  Öl zum Anbraten
- 8 EL Öl
- 2 TL Knoblauch, fein gehackt
- 40 g Zuckererbsen (Kefen), geputzt
- 1 TL Salz
- 2 TL Pfeffer, frisch gemahlen
- 2 EL Zucker
- 2 EL Glutamat
- ⅔ RS Gemüsebouillon (Seite 125)
- 1½ TL Kartoffelmehl, mit 4 EL Wasser angerührt
- 2 TL Sesamöl
- 80 g geschälte Mandeln, kurz geröstet oder fritiert

Vorbereitung Die Blumenpilze 1 Stunde in heissem und dann nochmals 20 Minuten in kaltem Wasser einweichen. Abgiessen, die Pilze gut ausdrücken und in etwa 4 cm × 4 cm grosse Scheiben schneiden. Die Bambus- und Paprikastücke in wenig Öl kurz anbraten und beiseite stellen. Eine Pfanne vorbereiten (Seite 25).

Zubereitung 8 EL Öl in die Pfanne geben und den Knoblauch darin anbraten. Die Pilze, Zuckererbsen, Bambussprossen und den Paprika beifügen und etwa 1 Minute braten. Mit Salz, Pfeffer, Zucker und Glutamat würzen. Die Gemüsebrühe zugiessen und zum Kochen bringen. Das angerührte Kartoffelmehl in die Pfanne geben und unter Rühren andicken lassen. Das Gemüse mit Sesamöl abschmecken, auf einer Platte anrichten und mit Mandeln bestreuen.

Anmerkung Um die Mandeln zu fritieren, gibt man zunächst Öl in die Pfanne und gibt die Mandeln ins kalte Öl. Auf kleiner Flamme, unter ständigem Wenden der Mandeln, erhitzen. Sobald das Öl Blasen bildet, auf mittlere Hitze zurückschalten. Die Mandeln ständig wenden, bis sie eine goldgelbe Farbe haben und dann auf grosser Flamme hellbraun werden lassen. Die Mandeln aus der Pfanne heben, auf Küchenkreppapier abtropfen und abkühlen lassen. Mit etwas Salz bestreuen.

Gebratener Mangold oder Spinat

- 500 g junger Mangold oder Spinat
- 8 EL Speiseöl
- 15 g Knoblauch, fein gehackt
- ½ RS Gemüsebouillon (Seite 125)
- 1 TL Salz
- 1½ TL Glutamat
- 1 TL Kartoffelmehl, mit 3 EL Wasser angerührt

Vorbereitung Den Mangold oder Spinat waschen, Stiele entfernen. Stiele und Blätter in kleine Stücke schneiden. In einer grossen Pfanne Wasser zum Kochen bringen. Die Stiele während 1½ Minuten blanchieren. Die Blätter dazugeben und ½ Minute blanchieren. Das Gemüse abgiessen und gut abtropfen lassen. Eine Pfanne vorbereiten (Seite 25).

Zubereitung 8 EL Öl in die Pfanne geben und erhitzen. Den Knoblauch goldbraun anbraten. Den Mangold dazugeben und auf höchster Flamme während etwa 30 Sekunden pfannenrühren. Nicht braun werden lassen! Gemüsebrühe, Salz und Glutamat beigeben. Das Kartoffelmehl einrühren und ½ Minute andicken lassen. Das Gemüse in ein Sieb geben, abtropfen lassen und sofort servieren.

Chinesische Pilze mit Bambussprossen

350 g chinesische Blumenpilze, eingeweicht (Seite 125)
50 g Holzohrenpilze, eingeweicht (Seite 125)
Öl
300 g Bambus (Konserve)
50 g Tofu oder gepresster Tofu, in dünne Scheiben geschnitten
8 EL Öl
2 TL Knoblauch, fein gehackt
1½ TL Salz
1 TL Pfeffer, frisch gemahlen
3 TL Zucker
2 EL karamelisierter Zucker (Seite 23)
1 EL Glutamat
4 EL Sojasauce
2 EL süsse Sojasauce
2 EL Reiswein
1 RS Gemüsebouillon (Seite 125)
2 TL Kartoffelmehl, mit 4 EL Wasser angerührt
40 g Frühlingszwiebeln
2 TL Sesamöl

Vorbereitung Die eingeweichten Pilze gut abtropfen lassen und das Wasser auspressen. Eine Pfanne vorbereiten (Seite 25).

Zubereitung Öl in die Pfanne geben und erhitzen. Die Pilze, den Bambus und den Tofu während 1½ Minuten braten. Aus der Pfanne heben und gut abtropfen lassen.

In dieselbe Pfanne 8 EL Öl geben und erhitzen. Den Knoblauch anbraten, die Pilze, den Bambus und den Tofu dazugeben und 2 Minuten mitbraten. Mit Salz, Pfeffer, Zucker, karamelisiertem Zucker, Glutamat, den beiden Sojasaucen und dem Reiswein würzen. Die Gemüsebrühe zugiessen und aufkochen lassen. Das angerührte Kartoffelmehl beigeben und etwas andicken lassen. Die Frühlingszwiebeln dazugeben und alles gut wenden. Mit Sesamöl abschmecken und sofort servieren.

Tofu mit Sojabohnenkeimlingen

Öl zum Fritieren
60 g Karotten, in feine Streifen geschnitten
200 g Sojabohnenkeimlinge (Lunja)
420 g Tofu, in Streifen geschnitten
5 EL Öl
1½ TL Salz
1½ TL Pfeffer, frisch gemahlen
2 EL Zucker
2 EL Glutamat
4 TL Sojasauce
1 dl Gemüsebouillon (Seite 125) oder Wasser
3 TL Kartoffelmehl, in 4 EL Wasser angerührt
30 g Frühlingszwiebeln, grob gehackt
2 TL Sesamöl

Vorbereitung In einer Pfanne Öl erhitzen. Die Karotten und die Sojabohnenkeimlinge darin etwa 1½ Minuten braten. Aus der Pfanne heben und beiseite stellen. Etwas mehr Öl in die Pfanne geben und erhitzen. Den Tofu kurz fritieren, aus der Pfanne heben und beiseite stellen. Eine Pfanne vorbereiten (Seite 25).

Zubereitung 5 EL Öl in die Pfanne geben und erhitzen. Die Tofustreifen darin 2 Minuten braten. Die Karotten und die Sojabohnenkeimlinge dazugeben und weitere 2 Minuten braten. Mit Salz, Pfeffer, Zucker, Glutamat und Sojasauce würzen. Mit der Gemüsebouillon ablöschen und zum Kochen bringen. Das angerührte Kartoffelmehl einrühren und etwas andicken lassen. Die Frühlingszwiebeln beigeben, mit Sesamöl abschmecken und sofort servieren.

Glasnudelblätter mit Spinat und Tofu

80 g getrocknete Glasnudelblätter
200 g Spinat
150 g Tofu
    Öl zum Fritieren
8 EL Öl
10 g Schalotten, in feine Streifen geschnitten
1 TL Salz
1 TL Zucker
1½ TL Glutamat
½ RS Gemüsebouillon (Seite 125)
1 TL Kartoffelmehl, mit 4 EL Wasser angerührt

Vorbereitung Die Glasnudelblätter 1 Stunde in heissem Wasser einweichen. Abgiessen und gut abtropfen lassen. Den Spinat putzen, waschen und in kochendem Wasser 1 Minute blanchieren. Abgiessen und gut abtropfen lassen. Den Tofu in Dreiecke schneiden und in heissem Öl 2 Minuten fritieren. Eine Pfanne vorbereiten (Seite 25).

Zubereitung 8 EL Öl erhitzen und die Schalotten goldgelb anbraten. Den Spinat, den Tofu und die Glasnudelblätter dazugeben. Mit Salz, Zucker und Glutamat würzen und gut mischen. Die Gemüsebrühe zugiessen, das Kartoffelmehl beigeben und etwas eindicken lassen. Vor dem Servieren alles in ein Sieb geben und die Flüssigkeit abtropfen lassen.

Anmerkung Anstelle von Glasnudelblättern können auch Glasnudeln verwendet werden.

Erdnüsse mit Tofu gebraten

220 g Erdnusskerne, wenn möglich ungeröstet
430 g Tofu
    Öl zum Fritieren
5 EL Öl
2 EL Knoblauch, gehackt
1 EL Sojabohnenpaste oder Sechuan-Chilipaste
2 EL süsse Bohnenpaste
1 EL Tomatenketchup
½ RS Gemüsebouillon (Seite 125) oder Wasser
1½ EL Zucker
1½ TL Essig (25 %)
2 EL Kao-Liang-Schnaps oder Reiswein
2 EL Sojasauce
2 EL Sesam- oder Karottenöl (Seite 23)

Vorbereitung Die Erdnüsse in heissem Öl 2 Minuten fritieren. Aus der Pfanne heben, abtropfen lassen und beiseite stellen. Den Tofu in erdnussgrosse Stückchen schneiden und während 2–3 Minuten fritieren. Aus der Pfanne heben, abtropfen lassen und beiseite stellen. Eine Pfanne vorbereiten (Seite 25).

Zubereitung 5 EL Öl in die Pfanne geben und den Knoblauch darin goldgelb braten. Die Sojabohnenpaste, die süsse Bohnenpaste und das Tomatenketchup zum Knoblauch geben und etwa 30 Sekunden dünsten. Die Gemüsebrühe, den Zucker, Essig, Kao-Liang-Schnaps und die Sojasauce hinzufügen und gut verrühren. Den Tofu und die Erdnüsse dazugeben und 3–4 Minuten weiterkochen. Sobald die Brühe dickflüssig geworden ist (eventuell die Hitze erhöhen), das Sesamöl einrühren. Die Erdnüsse auf einem Teller anrichten und 20 Minuten abkühlen lassen.

Mehlklösschen
mit gemischtem Gemüse

100 g Mehlklösschen, getrocknet oder 400 g Mehlklösschen, frisch
 80 g Holzohrenpilze, getrocknet oder Morcheln
 80 g Karotten
 70 g Bambus (Konserve)
 40 g grüner Paprika (Peperoni)
      Öl zum Anbraten
 10 EL Öl
  2 TL Knoblauch, fein gehackt
 30 g Frühlingszwiebeln, grob gehackt
100 g Sojabohnenkeimlinge
1½ TL Salz
  1 TL Pfeffer, frisch gemahlen
  2 EL Zucker
  2 EL Glutamat
  4 TL Sojasauce
1¼ dl Gemüsebouillon (Seite 125)
  3 TL Kartoffelmehl, mit 6 EL Wasser angerührt
  4 TL Sesamöl

Vorbereitung Getrocknete Mehlklösschen in warmem Wasser einweichen. Die Pilze in warmem Wasser einweichen (Seite 125). Die Karotten, den Bambus und den Paprika in Streifen schneiden. Die Pilze abgiessen, das Wasser gut ausdrücken und die Pilze in Streifen schneiden. In einer Pfanne etwas Öl erhitzen und die Gemüse kurz anbraten. Eingeweichte Mehlklösse abgiessen. Eine Pfanne vorbereiten (Seite 25).

Zubereitung 10 EL Öl in die Pfanne geben und den Knoblauch 15 Sekunden anbraten, die Mehlklösse dazugeben und unter ständigem Wenden ½ Minute anbraten. Pilze, Karotten, Paprika und Bambus beigeben und unter Wenden eine weitere Minute braten. Die Frühlingszwiebeln und die Sojabohnenkeimlinge dazugeben. Mit Salz, Pfeffer, Zucker, Glutamat und Sojasauce würzen. Die Gemüsebrühe zugiessen und zum Kochen bringen. Das angerührte Kartoffelmehl unter ständigem Rühren untermischen und andicken lassen. Mit Sesamöl abschmecken und sofort servieren.

Lauchgemüse «Spezial»

  6 EL Öl
  2 EL Sambalpaste
300 g Frühlingszwiebeln, in Streifen geschnitten
300 g Lauch (Porree), in Streifen geschnitten
1½ TL Salz
¼ TL Pfeffer, frisch gemahlen
  2 EL Zucker
  2 EL Glutamat
  2 EL Sojasauce
1½ dl Gemüsebouillon (Seite 125) oder Wasser
  1 TL Kartoffelmehl, mit 4 EL Wasser angerührt
  2 TL Sesamöl

Zubereitung Eine Pfanne vorbereiten (Seite 25). Das Öl in die Pfanne geben und erhitzen. Die Sambalpaste ganz kurz anbraten. Frühlingszwiebeln und Lauch beigeben, gut wenden und 2 Minuten mitbraten. Mit Salz, Pfeffer, Zucker, Glutamat und Sojasauce würzen und gut mischen. Die Gemüsebrühe zugiessen und zum Kochen bringen. Das angerührte Kartoffelmehl beigeben, rühren und andicken lassen. Mit Sesamöl abschmecken. Das Gemüse auf eine Platte geben und servieren.

Gebratene Mehlklösschen mit Tomaten

Gewürzmischung
3 EL Tomatenketchup
1½ EL Sambalpaste
1 TL Salz
¼ TL Pfeffer, frisch gemahlen
2 EL Zucker
2 EL Glutamat
2 TL Kartoffelmehl
½ RS Gemüsebouillon (Seite 125) oder Wasser

350 g Mehlklösschen, eingeweicht
8 EL Öl
1 EL Knoblauch, fein gehackt
250 g kleine Tomaten, in mundgerechte Stücke geschnitten
120 g Frühlingszwiebeln, in 4 cm lange Streifen geschnitten
1 EL Sesamöl

Vorbereitung Das Tomatenketchup, die Sambalpaste, die Gewürze und das Kartoffelmehl in eine kleine Schüssel geben und mit der Gemüsebrühe oder mit Wasser vermengen. Die Mehlklösschen abgiessen und gut abtropfen lassen. Eine Pfanne vorbereiten (Seite 25).

Zubereitung 8 EL Öl in die Pfanne geben und erhitzen. Den Knoblauch kurz anbraten. Die Tomaten und die Mehlklösschen beifügen und 1 Minute vorsichtig mitbraten. Die Frühlingszwiebeln dazugeben. Die Gewürzmischung zugiessen, rühren und aufkochen lassen. Mit Sesamöl abschmecken und sofort servieren.

Chinakohl mit Glasnudeln «Glückliche Bauernfamilie»

100 g Glasnudeln
20 g Holzohrenpilze
5 EL Öl
10 g Frühlingszwiebeln, in Streifen geschnitten
10 g Ingwer, in Streifen geschnitten
350 g Chinakohl, in Streifen geschnitten
30 g Karotten, in Streifen geschnitten
1 TL Salz
2 EL Sojasauce
2 TL Glutamat
2 TL Zucker
1 RS Gemüsebouillon (Seite 125)

Vorbereitung Die Glasnudeln 30 Minuten in warmem Wasser einweichen. Abgiessen und gut abtropfen lassen. Die Holzohrenpilze 1 Stunde in warmem Wasser einweichen. Abgiessen und ausdrücken. Die Stiele wegschneiden und die Pilzhüte in Streifen schneiden. Eine Pfanne vorbereiten (Seite 25).

Zubereitung 5 EL Öl erhitzen und die Frühlingszwiebeln und den Ingwer goldbraun braten. Den Chinakohl dazugeben und 1 Minute fortwährend rühren. Die Karotten und die Pilze beigeben. Zudecken und etwa 2 Minuten garen lassen. Mit Salz, Sojasauce, Glutamat und Zucker würzen und mit der Gemüsebrühe ablöschen. Zugedeckt 20 Minuten schmoren lassen. Die Glasnudeln hinzufügen, 2 Minuten mitkochen lassen und das Gericht sofort servieren.

Spargel in Kokossauce

300 g frischer Spargel
       Öl zum Fritieren
 80 g Bambussprossen (Konserve), abgetropft
10 EL Öl
 4 TL Knoblauch, fein gehackt
300 g Tofublätter, eingeweicht, zerkleinert
1½ TL Salz
 1 TL Pfeffer, frisch gemahlen
 2 EL Zucker
 2 EL Glutamat
2½ dl Kokosmilch
 3 TL Kartoffelmehl, mit 6 EL Wasser angerührt
 60 g Frühlingszwiebeln, fein gehackt
 2 TL Sesamöl

Vorbereitung Den Spargel schälen, in mittelgrosse Stücke schneiden und 20 Minuten in kaltes Wasser legen. In einer Pfanne Wasser zum Kochen bringen und den Spargel 1 Minute blanchieren. Abgiessen und abtropfen lassen. (Wird Spargel aus der Dose verwendet, muss er nur kurz in kochendes Wasser gelegt werden.) Eine Pfanne vorbereiten (Seite 25).

Zubereitung Öl in eine Pfanne geben. Die Bambussprossen und den Spargel 1 Minute darin fritieren. Aus der Pfanne heben und gut abtropfen lassen. Das restliche Öl abgiessen. 10 EL Öl in die Pfanne geben und erhitzen. Den Knoblauch kurz anbraten. Den Tofu, Spargel und die Bambussprossen in die Pfanne geben. Auf grosser Flamme unter Wenden 1 Minute braten. Mit Salz, Pfeffer, Zucker und Glutamat würzen. Die Kokosmilch zugiessen, aufkochen und 5 Minuten köcheln lassen. Das angerührte Kartoffelmehl zugeben und andicken lassen. Die Frühlingszwiebeln beigeben, mit Sesamöl abschmecken und sofort servieren.

Anmerkung Der Spargel darf nicht länger als 2 Minuten gekocht werden.

Tofu mit Rettich und Seetang

225 g Rettich
480 g Tofu
 50 g getrockneter Seetang, in heissem Wasser eingeweicht
       Öl zum Fritieren
2½ l Wasser
 20 g frischer Ingwer, fein gehackt
  2 Frühlingszwiebeln, halbiert
 1 EL Salz
 1 TL Pfeffer, frisch gemahlen
 2 EL Zucker
 4 EL gelbe Bohnenpaste, mit ½ RS Wasser angerührt

       Sauce
 5 EL Sojasauce
1½ EL Sesamöl

Vorbereitung Den Rettich in Stücke von etwa 6 cm Länge und 2–3 cm Breite schneiden. Den Tofu in Dreiecke von etwa 6 cm Länge und 2 cm Breite schneiden. Den Seetang abgiessen und abtropfen lassen und in 6 cm lange Stücke schneiden. Eine Pfanne vorbereiten (Seite 25).

Zubereitung Das Öl in die Pfanne geben und erhitzen. Den Tofu ins Öl geben und 1 Minute fritieren. Herausheben und abtropfen lassen. Beiseite stellen. In einer grossen Kasserolle das Wasser zum Kochen bringen. Den Rettich, Seetang, Tofu, Ingwer und die Frühlingszwiebeln hineingeben und auf mittlerer Flamme 20 Minuten kochen. Mit Salz, Pfeffer, Zucker und Bohnenpaste würzen. Zugedeckt und auf kleiner Flamme nochmals 1 Stunde und 40 Minuten köcheln lassen. Die Sojasauce mit dem Sesamöl verrühren. Das Gemüse anrichten und servieren. Die Sauce wird separat gereicht und die Gemüsestücke vor dem Essen darin eingetaucht.

Tofublätter mit verschiedenen Gemüsen

40 g	chinesisches Sauergemüse
2 RS	Wasser
100 g	Karotten, in breite Streifen geschnitten
30 g	Blumenpilze, eingeweicht, klein geschnitten
8 EL	Öl
10 g	Frühlingszwiebeln, weisser Teil, fein gehackt
10 g	Ingwer, fein gehackt
10 g	Karotten, fein gehackt
80 g	Tofublätter, eingeweicht, klein geschnitten
100 g	Strohpilze (Konserve), abgetropft
80 g	Austernpilze, in breite Streifen geschnitten
1 RS	Kokosmilch
1½ RS	Gemüsebouillon (Seite 125)
3 EL	Reiswein
10 g	dunkler Kandiszucker
1 TL	Salz
1 TL	Glutamat
30 g	Gurke, in breite Streifen geschnitten

Vorbereitung Das Sauergemüse 1 Stunde in kaltem Wasser einlegen. Abgiessen und in Streifen schneiden. Wasser zum Kochen bringen und die Karotten 10 Minuten kochen lassen. Die Blumenpilze dazugeben und 2 Minuten mitkochen. Abgiessen und gut abtropfen lassen. Eine Pfanne vorbereiten (Seite 25).

Zubereiten 8 EL Öl in die Pfanne geben und erhitzen. Die Frühlingszwiebeln, den Ingwer und die fein gehackten Karotten kurz darin anbraten. Den Tofu, die Karottenstreifen, die Strohpilze, Blumenpilze und Austernpilze in die Pfanne geben und auf mittlerer Flamme 5 Minuten dünsten. Die Kokosmilch und die Gemüsebrühe zugiessen und auf grosser Flamme 2 Minuten kochen lassen. Den Reiswein und den Kandiszucker zugeben. Mit Salz und Glutamat würzen. Das Ganze zum Kochen bringen und auf hoher Flamme die Flüssigkeit 3 Minuten einkochen lassen.

Die Hitze zurückschalten und die Gurken und das Sauergemüse beigeben. 2 Minuten mitkochen lassen. In einer Schüssel anrichten und sofort servieren.

Anmerkung Dieser bäuerliche Eintopf stammt aus der Provinz Sandung und ist ein typisches Wintergericht.

Tofu mit Spinat-Tomaten-Gemüse

300 g	Tofu, in Würfel geschnitten
	Öl zum Fritieren
10 EL	Öl
2 TL	Knoblauch, fein gehackt
120 g	Tomaten, in mundgerechte Stücke geschnitten
1½ dl	Gemüsebouillon (Seite 125)
2 EL	Tomatenketchup
½ TL	Salz
½ TL	Pfeffer, frisch gemahlen
1 EL	Zucker
1 EL	Glutamat
100 g	Spinat, zerkleinert
1 TL	Kartoffelmehl, mit 4 EL Wasser angerührt
2 TL	Sesamöl

Zubereitung Eine Pfanne vorbereiten (Seite 25). Den Tofu in heissem Öl 1½ Minuten braten. Aus der Pfanne heben, abtropfen lassen und beiseite stellen. 10 EL Öl in die Pfanne geben und erhitzen. Den Knoblauch kurz anbraten. Den Tofu und die Tomaten zugeben und unter ständigem Wenden 1 Minute braten. Mit der Gemüsebrühe ablöschen. Das Tomatenketchup einrühren und mit Salz, Pfeffer, Zucker und Glutamat würzen. Den Spinat beigeben und 1½ Minuten garen lassen. Das angerührte Kartoffelmehl in die Pfanne geben und andicken lassen. Mit Sesamöl abschmecken und servieren.

Currygemüse

60 g   Holzohrenpilze, eingeweicht (Seite 125)
        Öl zum Fritieren
60 g   Bambus (Konserve), in Scheiben geschnitten
60 g   Lauch (Porree), in Ringe geschnitten
60 g   roter Paprika (Peperoni), in Streifen geschnitten
10 EL Öl
2 TL   Sambalpaste
2 TL   Knoblauch, fein gehackt
2 TL   Ingwer, fein gehackt
250 g Tofublätter, eingeweicht, zerkleinert
2 EL   Currypulver
½ RS   Kokosmilch
1 TL   Salz
½ TL   Pfeffer, frisch gemahlen
2 EL   Zucker
¼ l   Gemüsebouillon (Seite 125)
2 TL   Kartoffelmehl, mit 6 EL Wasser angerührt
2 TL   Chiliöl

Vorbereitung Die Pilze abgiessen und gut abtropfen lassen. Eine Pfanne vorbereiten (Seite 25).

Zubereitung Fritieröl in die Pfanne geben und erhitzen. Die Pilze, den Bambus, Lauch und Paprika 1 ½ Minuten darin fritieren. Aus der Pfanne heben und gut abtropfen lassen. Beiseite stellen. Das Öl aus der Pfanne giessen. 10 EL Öl in die Pfanne geben und erhitzen. Die Sambalpaste, den Knoblauch und den Ingwer kurz anbraten. Den Tofu, die Pilze und Gemüse beigeben und unter ständigem Wenden 1 Minute braten. Das Currypulver und die Kokosmilch dazugeben. Mit Salz, Pfeffer und Zucker würzen. Die Gemüsebrühe zugiessen und 5 Minuten kochen lassen. Das angerührte Kartoffelmehl unterrühren und andicken lassen. Mit Chiliöl abschmecken und sofort servieren.

Gemüse-Allerlei

120 g Taro
100 g Baby-Mais
50 g   frische Ananas
80 g   Mehlklösschen, eingeweicht
        Öl zum Fritieren
5 EL   Öl
1 EL   Knoblauch
1½ l   Gemüsebouillon (Seite 125)
120 g Wasserkastanien (Konserve), abgetropft
1½ EL Zucker
¼ RS   gelbe Bohnenpaste (Miso), mit ¼ RS Reiswein angerührt
        Salz nach Belieben
40 g   Erbsen

Vorbereitung Den Taro schälen und in kleine Kugeln schneiden. Den Mais quer halbieren. Die Ananas in etwa 2×2 cm grosse Würfel schneiden. Die Mehlklösschen abgiessen und gut abtropfen lassen. Eine Pfanne vorbereiten (Seite 25).

Zubereitung Den Taro in heissem Öl 1 ½ Minuten fritieren. Aus dem Öl heben und gut abtropfen lassen. Beiseite stellen. 5 EL Öl in die vorbereitete Pfanne geben und erhitzen. Den Knoblauch anbraten und mit der Gemüsebrühe ablöschen. Sobald die Brühe kocht, den Taro und die Mehlklösschen beigeben und auf kleiner Flamme 30 Minuten garen lassen. Den Mais, die Ananas und Wasserkastanien dazugeben. Mit Zucker würzen und 5 Minuten kochen lassen. Die angerührte Bohnenpaste untermischen und auf mittlerer Flamme 10 Minuten kochen lassen. Eventuell mit etwas Salz abschmecken. Die Erbsen beifügen und sofort servieren.

Anmerkung In China wird dieses Gericht in ausgehöhlten Ananas serviert.

Kürbis mit Kokosmilch

600 g Kürbis
5 EL Speiseöl
10 g Knoblauch, fein gehackt
10 g Ingwer, fein gehackt
2 EL Tomatenketchup
1½ TL Salz
1½ TL Glutamat
1½ EL Zucker
2 RS Kokosmilch (Konserve)
1 RS Wasser

Vorbereitung Den Kürbis schälen, die Kerne entfernen und in 1 cm dicke, mundgerechte Scheiben schneiden. Eine Pfanne vorbereiten (Seite 25).

Zubereitung 5 EL Öl in die Pfanne geben und erhitzen. Den Knoblauch und den Ingwer kurz darin anbraten. Das Tomatenketchup, Salz, Glutamat, Zucker, die Kokosmilch und das Wasser zugeben und gut mischen. Den Kürbis hineingeben und zugedeckt auf kleiner Flamme etwa 20 Minuten schmoren lassen. Kurz vor Ende der Kochzeit die Hitze nochmals für 2 Minuten erhöhen. Den Kürbis anrichten und servieren.

Anmerkung Kürbis eignet sich auch zum Trocknen. Allerdings beschränkt sich dieses Vorgehen auf die heisse Jahreszeit. Man kocht den Kürbis in Wasser und würzt mit Salz, Sechuanpfeffer, Sternanis und Zimt. Das Wasser abgiessen, die Kürbisstücke gut abtropfen lassen und auf einer geeigneten Unterlage ausgebreitet trocknen lassen. In China ist getrockneter Kürbis eine beliebte Nascherei.

Champignons in Kokossauce

600 g Champignons
10 EL Öl
2 TL Knoblauch, fein gehackt
2½ dl Kokosmilch
6 TL Sojasauce
1 TL Salz
½ TL Pfeffer, frisch gemahlen
1 EL Zucker
1 TL Kartoffelmehl, mit 3 EL Wasser angerührt
30 g Frühlingszwiebeln, fein gehackt
2 TL Sesamöl

Vorbereitung Die Champignons putzen und in kochendem Wasser 1 Minute blanchieren. Abgiessen und abtropfen lassen. Eine Pfanne vorbereiten (Seite 25).

Zubereitung 10 EL Öl in die Pfanne geben und erhitzen. Den Knoblauch kurz anbraten. Die Champignons dazugeben und unter ständigem Wenden 1 Minute braten. Die Kokosmilch und Sojasauce zugeben. Mit Salz, Pfeffer und Zucker würzen. Das angerührte Kartoffelmehl beigeben und andicken lassen. Die Frühlingszwiebeln dazugeben. Mit Sesamöl abschmecken und sofort servieren.

Broccoli mit Karottenöl

750 g Broccoli
8 EL Öl
1 TL Knoblauch, fein gehackt
2 dl Kokosmilch
1½ TL Salz
¼ TL Pfeffer, frisch gemahlen
1½ EL Zucker
1½ EL Glutamat
1½ TL Kartoffelmehl, mit 4 EL Wasser angerührt
3 TL Karottenöl (Seite 23)

Vorbereitung Den Broccoli waschen und putzen. Die Stengel der Länge nach halbieren und je in mittelgrosse Stücke schneiden. Die Röschen zerpflükken. In einer Pfanne reichlich Wasser zum Kochen bringen. Zuerst die Stengel 2 Minuten ins Wasser geben; die Röschen dazugeben und nochmals 1 Minute blanchieren. Den Broccoli abgiessen, in eiskaltes Wasser legen und gut abtropfen lassen. Eine Pfanne vorbereiten (Seite 25).

Zubereitung 8 EL Öl in die Pfanne geben und erhitzen. Den Knoblauch kurz anbraten. Den Broccoli hinzufügen, die Kokosmilch zugiessen und mit Salz, Pfeffer, Zucker und Glutamat würzen. Unter Wenden 1 Minute garen. Das angerührte Kartoffelmehl untermischen und andicken lassen. Mit Karottenöl abschmecken und sofort servieren.

Auberginen mit Tomaten

1 l Wasser
300 g Auberginen, in ½ cm dicke Scheiben geschnitten
8 EL Öl
1 EL Knoblauch, fein gehackt
½ TL Sambalpaste
1½ TL süsse Bohnenpaste
2 EL Tomatenketchup
½ RS Wasser
350 g Tomaten, in ½ cm dicke Scheiben geschnitten
20 g Frühlingszwiebeln, weisser Teil, in 4 cm lange Stücke geschnitten
1 TL Salz
1 TL Sechuanpfeffer
1½ EL Zucker

Vorbereitung 1 l Wasser zum Kochen bringen. Die Auberginen etwa 15 Minuten kochen lassen. Abgiessen und sehr gut abtropfen lassen. Beiseite stellen. Eine Pfanne vorbereiten (Seite 25).

Zubereitung 8 EL Öl in die Pfanne geben, erhitzen und den Knoblauch darin goldgelb anbraten. Die Sambalpaste dazugeben und kurz mitbraten. Die Bohnenpaste zufügen und kurz erhitzen. Das Tomatenketchup beifügen und erhitzen. Mit dem Wasser ablöschen und gut rühren. Die Auberginen, Tomaten und Frühlingszwiebeln beigeben und zugedeckt auf kleiner Flamme etwa 10 Minuten garen lassen. Mit Salz, Sechuanpfeffer und Zucker würzen. Zugedeckt nochmals 2 Minuten garen. Anrichten und servieren.

Anmerkung Dieses Gericht gewinnt an Geschmack, wenn es einen Tag im voraus zubereitet wird. Die Aromen der Gewürze können sich intensiver entwickeln.

Geschmorte Pilze auf Blattgemüse

180 g frische Champignons
160 g Lilienblütenpilze (Enoki)
150 g Bok-Choy-Gemüse
¼ TL Salz
1 EL Öl

Gewürzsauce
1 RS Gemüsebouillon (Seite 125)
1 TL Kartoffelmehl, mit 4 EL Wasser angerührt
⅘ TL Salz
1 EL Zucker
1½ EL karamelisierter Zucker (Seite 23)
1 TL Glutamat
3 EL dunkle Sojasauce

6 EL Öl

Vorbereitung Die Champignons putzen und je nach Grösse halbieren. In kochendem Wasser 3 Minuten blanchieren. Herausheben und abtropfen lassen. Die Enoki putzen und 3 Minuten blanchieren. Das Bok-Choy-Gemüse putzen, die Stiele entfernen und waschen. Salz und Öl in kochendes Wasser geben und die Blätter 1 Minute darin blanchieren. Abgiessen und gut abtropfen lassen. Auf einer Platte anrichten und warm halten. In einer Schale die Gemüsebouillon, das angerührte Kartoffelmehl und die Gewürze gut vermengen. Eine Pfanne vorbereiten (Seite 25).

Zubereitung 3 EL Öl in der Pfanne erhitzen, die Enoki-Pilze hineingeben, die Hälfte der Gewürzsauce dazugeben und 1 Minute kochen lassen. Auf der warmen Gemüseplatte anrichten. Nochmals 3 EL Öl in die Pfanne geben und erhitzen. Die Champignons in gleicher Weise zubereiten, auf der Gemüseplatte hübsch anrichten und das Gericht sofort servieren.

Anmerkung Anstelle von Enoki kann man Strohpilze oder chinesische Blumenpilze verwenden.

Fritierte Strohpilze

Ausbackteig (Seite 123)

5 EL Öl
1 EL Knoblauch, fein gehackt
½ RS Wasser
2 EL Reiswein
1½ EL Sojasauce
1½ TL Tomatenketchup
2 EL karamelisierter Zucker (Seite 23)
½ TL Salz

Öl zum Fritieren
300 g Strohpilze (Konserve) oder 100 g getrocknete Strohpilze, eingeweicht, abgetropft
1 TL Kartoffelmehl, mit 3 EL Wasser angerührt

Vorbereitung Den Ausbackteig zubereiten. Eine Pfanne zum Fritieren und eine Pfanne für die Sauce vorbereiten (Seite 25).

Zubereitung 5 EL Öl in der Pfanne erhitzen und den Knoblauch darin anbraten. Mit Wasser ablöschen. Den Reiswein, die Sojasauce, das Tomatenketchup und den karamelisierten Zucker beigeben. Mit Salz würzen und aufkochen lassen. Warm halten. In der Fritierpfanne das Öl erhitzen. Die Pilze durch den Ausbackteig ziehen und 3 Minuten fritieren. Herausheben und 5 Minuten abkühlen lassen. In der Zwischenzeit die Sauce erhitzen, das angerührte Kartoffelmehl beigeben, aufkochen und andicken lassen. Die Sauce warm halten. Die Pilze nochmals in das heisse Öl geben und 2 Minuten fritieren. Herausheben und gut abtropfen lassen. Auf einer Platte anrichten und sofort servieren. Die Sauce wird separat gereicht.

Anmerkung Auch chinesische Blumenpilze oder Steinpilze eignen sich zum Fritieren.

73

Tofu mit süss-saurem Gemüse

Sauce
8 EL	Wasser
4 EL	Tomatenketchup
5½ EL	Essig (5%)
3 EL	Zucker
1½ TL	Kartoffelmehl, mit 3 EL Wasser angerührt

Ausbackteig (Seite 123)

5 EL	Öl
30 g	roter Paprika (Peperoni), klein geschnitten
35 g	grüner Paprika (Peperoni), klein geschnitten
25 g	Karotten, klein geschnitten
30 g	Bambus, klein geschnitten
30 g	Ananas, in Würfel geschnitten
	Öl zum Fritieren
200–250 g	Tofu, in dünne Scheiben geschnitten
	Mehl zum Bestäuben

Vorbereitung Zuerst die Sauce zubereiten. Das Wasser, Tomatenketchup, den Essig und den Zucker in eine Pfanne geben, gut mischen und 3 Minuten kochen lassen. Das angerührte Kartoffelmehl dazugeben, aufkochen und andicken lassen. Die Sauce warm halten. Den Ausbackteig zubereiten (Seite 123). Eine Pfanne vorbereiten (Seite 25).

Zubereitung Das Öl in die Pfanne geben und erhitzen. Die Gemüse und die Ananas in die Pfanne geben und 1½ Minuten darin braten. Herausheben und gut abtropfen lassen. Die Gemüse zur Sauce geben und warm halten. Das Fritieröl erhitzen. Den Tofu mit Mehl bestäuben und durch den Ausbackteig ziehen. Ins heisse Öl geben und goldgelb werden lassen. Vorsichtig aus der Pfanne heben und 5 Minuten abkühlen lassen. Nochmals ins heisse Öl geben und knusprig backen. Herausheben und gut abtropfen lassen. Den Tofu zum Gemüse in der Sauce geben und sofort servieren.

Broccoli mit süsser Sojasauce

Sauce
5 EL	Öl
1 RS	Gemüsebouillon (Seite 125)
4 EL	süsse Sojasauce, mit ½ TL Salz verrührt
1 EL	Zucker
¼ TL	Pfeffer, frisch gemahlen
1 EL	Glutamat
1½ TL	Kartoffelmehl, mit 4 EL Wasser angerührt
2 TL	Sesamöl

1 l	Wasser
½ TL	Salz
¼ TL	Pfeffer, frisch gemahlen
1 TL	Zucker
⅔ TL	Glutamat
3 EL	Öl
600 g	Broccoli, geputzt, die Stiele eventuell geschält

Zubereitung Eine Pfanne vorbereiten (Seite 25). 5 EL Öl in die Pfanne geben und erhitzen. Die Gemüsebouillon zugeben und zum Kochen bringen. Die Sojasauce, den Zucker, Pfeffer und das Glutamat beifügen und gut verrühren. Das angerührte Kartoffelmehl dazugeben, aufkochen und andicken lassen. Die Sauce mit Sesamöl abschmecken und warm halten.

In einer Kasserolle 1 l Wasser zum Kochen bringen. Mit Salz, Pfeffer, Zucker und Glutamat würzen. Das Öl dazugeben und gut rühren. Das Wasser wieder zum Kochen bringen und den Broccoli darin knackig kochen. Abgiessen und abtropfen lassen. Den Broccoli auf einer Platte hübsch anrichten, mit der Sauce begiessen und servieren.

Süss-saure Gemüseklösschen

süss-saure Sauce (Seite 125)

120 g chinesische Blumenpilze, eingeweicht (Seite 125)
100 g Wasserkastanien, zerkleinert
 80 g Karotten, grob gehackt
 50 g Maiskörner
 10 g Ingwer, klein geschnitten
 50 g Tofu, in kleine Stücke geschnitten
  5 EL Wasser
  3 EL Öl
 ½ TL Sesamöl
  1 EL Sojasauce
  3 EL Weizenmehl
 ½ TL Salz
 ½ TL Pfeffer, frisch gemahlen
1½ TL Glutamat

Öl zum Fritieren

Vorbereitung Die Blumenpilze abgiessen, gut abtropfen lassen und etwas zerkleinern. Eine Pfanne vorbereiten (Seite 25). Die süss-saure Sauce zubereiten (Seite 125) und warm halten.

Zubereitung Alle Gemüse zusammen mit Ingwer und Tofu im Mixer pürieren und in eine Schüssel geben. Wasser, Öl, die Sojasauce und das Mehl untermischen und alle Gewürze zugeben. Zu einer geschmeidigen Masse verarbeiten. Aus der Masse Kugeln von etwa 3 cm Durchmesser formen. Das Öl in die Pfanne geben und erhitzen. Die Kugeln ins heisse Öl geben und 2 Minuten fritieren. Herausheben und 5 Minuten abkühlen lassen. Nochmals ins heisse Öl geben und 1 Minute knusprig backen. Herausheben, gut abtropfen lassen. Auf einer Platte anrichten und mit süss-saurer Sauce übergiessen.

Fritierte Champignons auf Spinatbett

150 g	Spinat
2 EL	Öl
1 Prise	Salz
1 Prise	Zucker
3 EL	Öl
1½ TL	Ingwer, fein gehackt
½ RS	Gemüsebouillon (Seite 125) oder Wasser
½ TL	Salz
¼ TL	Pfeffer, frisch gemahlen
2 TL	Zucker
1 TL	Glutamat
2 TL	Sambalpaste oder Sechuan-Bohnensauce
3 EL	süsse Sojasauce

	Öl zum Fritieren
250 g	kleine Champignons in etwa gleicher Grösse
2 EL	Kartoffelmehl, mit 2 EL Weizenmehl gemischt

Vorbereitung Den Spinat putzen, waschen und kurz blanchieren. Abgiessen und gut abtropfen lassen. In einer kleinen Schüssel das Kartoffelmehl und das Weizenmehl mischen. Zwei Pfannen vorbereiten (Seite 25).

Zubereitung 2 EL Öl in eine heisse Pfanne geben. Den Spinat unter Zugabe von Salz und Zucker kurz anziehen lassen. In einer Schüssel anrichten und warm stellen.

3 EL Öl erhitzen. Den Ingwer anbraten und mit Gemüsebouillon ablöschen. Alle Gewürze beigeben und gut verrühren. Die Sauce warm halten.

Das Öl in die Fritierpfanne geben und erhitzen. Die Champignons in der Mehlmischung wenden, ins heisse Öl geben, 2 Minuten fritieren. Herausheben und 5 Minuten abkühlen lassen. Nochmals ins heisse Öl geben und 1 Minute knusprig backen. Die fritierten Champignons sofort in die Sauce geben und auf hoher Flamme glacieren. Auf dem Spinat anrichten und servieren.

Anmerkung Dieses Rezept ist ein klassisches Beispiel für die Technik des Parallelkochens. Hier werden die Champignons fritiert, während die Sauce in einer zweiten Pfanne zubereitet wird. Sobald die Champignons fertig sind, müssen sie ganz heiss in die Sauce gegeben werden. Dadurch nehmen sie das Saucenaroma am besten auf.

Tofublätter mit süss-saurer Sauce

	Sauce
8 EL	Wasser
4 EL	Tomatenketchup
2 TL	Sesamöl
5½ EL	Essig (5 %)
3 EL	Ingwerwein oder Reiswein
3 EL	Zucker
1½ TL	Kartoffelmehl, mit 3 EL Wasser angerührt

100 g	Ananasscheiben, in Stücke geschnitten
4	Blätter Eisbergsalat
1	Tomate, geviertelt
	Öl zum Fritieren
500 g	dicke Tofublätter, eingeweicht, gut abgetropft, klein geschnitten

Zubereitung Eine Pfanne vorbereiten (Seite 25). Die süss-saure Sauce zubereiten (Seite 125) und warm halten.

Die Ananasstücke in die Mitte der Teller legen und die Salatblätter auf dem Tellerrand anrichten. Mit Tomaten garnieren. Das Fritieröl in die Pfanne geben und erhitzen. Den Tofu 2 Minuten fritieren, herausheben und gut abtropfen lassen. Auf den Ananasstücken anrichten, mit Sauce beträufeln und servieren.

Fritierter Tofu
mit Sechuanpfeffer

Ausbackteig (Seite 123)

320 g Tofu, in Würfel geschnitten
Mehl zum Bestäuben
Öl zum Fritieren

5 EL Speiseöl
1 TL Sechuanpfefferkörner oder Sechuanpfeffer, gemahlen
20 g Knoblauch, fein gehackt
20 g Ingwer, fein gehackt
1½ TL frischer Chili, gehackt
½ TL Salz
1½ EL Zucker
8 EL Cintiang-Essig (5 %; dunkler, süss-saurer Essig)
1 EL Sojasauce
15 g Frühlingszwiebeln, fein geschnitten
1 EL Sesamöl

Vorbereitung Den Tofu mit Mehl bestäuben und im Ausbackteig wenden. Das Fritieröl erhitzen und den Tofu goldgelb backen. Herausheben und 5 Minuten abkühlen lassen. Nochmals in die heisse Fritüre geben und knusprig backen. Eine Pfanne vorbereiten (Seite 25).

Zubereitung 5 EL Öl in die Pfanne geben und erhitzen. Die Pfefferkörner kurz anbraten. Knoblauch, Ingwer und Chili dazugeben und kurz mitbraten. Den fritierten Tofu beigeben und vorsichtig wenden. Mit Salz und Zucker bestreuen und wenden. Mit dem Essig und der Sojasauce ablöschen und etwas einkochen lassen. Die Frühlingszwiebeln dazugeben, mit Sesamöl abschmecken und servieren.

Anmerkung Damit sich aus den Kristallen von Salz und Zucker eine Kruste bilden kann, ist es wichtig, dass diese Ingredienzen vor dem Essig und der Sojasauce zugegeben werden. Es sollte keine Flüssigkeit in der Pfanne zurückbleiben.

Fritierte Auberginen mit süss-sauer eingelegtem Ingwer

1 Aubergine (120–140 g)
80–100 g süss-sauer eingelegter Ingwer
Ausbackteig (Seite 123)

½ TL Salz
½ TL Pfeffer, frisch gemahlen
½ TL Knoblauchpfeffer
½ TL Sechuanpfeffer
1 TL Zucker
1 TL Glutamat

Öl zum Fritieren

Vorbereitung Die Aubergine in 14 (etwa ½ cm dicke) Scheiben schneiden (eine grosse Aubergine zuerst halbieren). Jede Scheibe nochmals einschneiden, so dass eine Tasche entsteht. Den Ingwer in 14 Scheiben schneiden und diese in die Auberginentaschen geben. Den Ausbackteig zubereiten (Seite 123). In einer kleinen Schüssel die Gewürze mischen. Eine Pfanne vorbereiten (Seite 25).

Zubereitung Das Fritieröl erhitzen. Die Auberginentaschen vorsichtig durch den Ausbackteig ziehen und 3–4 Minuten fritieren. Aus dem Öl heben, abtropfen und 8 Minuten auskühlen lassen. Erneut in die heisse Fritüre geben und 2–3 Minuten knusprig backen. Die Auberginen auf einer Platte anrichten, mit der Gewürzmischung bestreuen und sofort servieren.

Fritierter Seetang

200 g getrockneter Seetang, lang und dunkelgrün
150 g chinesische Blumenpilze
Ausbackteig (Seite 123)

1 ½ TL schwarzer Pfeffer, frisch gemahlen
1 TL Salz
1 ½ TL Sechuanpfeffer
1 EL Zucker
1 TL Knoblauchpulver
1 TL Glutamat

Öl zum Fritieren
Mehl zum Bestäuben

Vorbereitung Den Seetang und die Blumenpilze 1 Stunde in warmem Wasser einweichen. Herausheben und gut abtropfen lassen. Den Seetang in mundgerechte Stücke schneiden. Das untere Ende der Pilze wegschneiden. Den Ausbackteig zubereiten. In einer kleinen Schüssel die Gewürze mischen. Eine Pfanne vorbereiten (Seite 25).

Zubereitung Das Öl in die Pfanne geben und erhitzen. Den Seetang und die Pilze mit Mehl bestäuben, im Ausbackteig wenden und 2 Minuten fritieren. Herausheben und 5 Minuten abkühlen lassen. Nochmals in die heisse Fritüre geben und goldgelb backen. Herausheben und abtropfen lassen. Auf einer Platte anrichten, mit den Gewürzen bestreuen und servieren.

Gefüllte und fritierte Tofurollen

18–20 Tofublätter, 10 cm × 10 cm

Füllung
60 g Lilienpilze
120 g Blumenpilze
80 g Wasserkastanien
80 g Karotten, gehackt
1 EL Sesampaste
1 EL schwarze Sesampaste
2 EL Petersilie, fein gehackt
2 EL Sojasauce
5 EL Sesamöl
½ TL Salz
1 EL Zucker
1½ TL Glutamat

1½ EL Weizenmehl, mit 5 EL Wasser angerührt
1 RS Kartoffelmehl
Öl zum Fritieren
Salatblätter zum Anrichten

Vorbereitung Die Tofublätter und die Pilze separat 1 Stunde in warmem Wasser einweichen. Abgiessen und abtropfen lassen. Die Pilze und die Wasserkastanien sehr fein hacken und zusammen mit den Karotten in eine Schüssel geben. Die Sesampasten, Petersilie, Sojasauce, Sesamöl sowie Zucker, Salz und Glutamat unterrühren und ½ Stunde ziehen lassen. Eine Pfanne vorbereiten (Seite 25).

Zubereitung Die Tofublätter ausbreiten und 1 EL Füllung in eine Teigecke legen. Die Ecke über die Füllung schlagen und eine weitere Drehung gegen die Mitte machen. Die seitlichen Ecken zur Mitte schlagen und mit dem angerührten Weizenmehl verkleben. Die Rolle ganz aufrollen und die letzte Ecke ankleben. Die Rollen in Kartoffelmehl wenden.

Das Öl in die Pfanne geben und erhitzen. Die Rollen 2 Minuten darin fritieren, herausheben, abtropfen und 5 Minuten abkühlen lassen. Die Rollen nochmals ins heisse Öl geben und knusprig backen. Abtropfen lassen, auf Salatblättern anrichten und servieren.

Gefüllte fritierte Chilis

Ausbackteig (Seite 123)
20 Chilischoten

Füllung
30 g Wasserkastanien
30 g Karotten
30 g Sechuan-Gemüse
50 g Tofu
1 TL Kartoffelmehl
½ TL Salz
1 TL Zucker
1 TL Glutamat
1 EL Sesamöl

Öl zum Fritieren

Vorbereitung Den Ausbackteig zubereiten (Seite 123). Die Chilischoten der Länge nach aufschneiden und entkernen. Die Gemüse und den Tofu fein hacken und mit den restlichen Zutaten gut vermengen. Die Chilis mit der Masse füllen. Eine Pfanne vorbereiten (Seite 25).

Zubereitung Das Öl erhitzen. Die Chilis durch den Teig ziehen und 3–4 Minuten fritieren. Herausheben und 8 Minuten abkühlen lassen. Erneut in die heisse Fritüre geben und 2–3 Minuten knusprig backen. Abtropfen lassen und sofort servieren.

Knusprig fritierter Tofu

3 RS Wasser, mit 1 ½ TL Salz verrührt
400 g Tofu

Sauce
1 ½ EL Frühlingszwiebel, fein gehackt
½ RS helle Sojasauce
2 TL Knoblauch, fein gehackt
2 EL Sesamöl
2 EL Cintiang-Essig (5 %; dunkler, süss-saurer Essig)
1 EL Zucker

Öl zum Fritieren
1 RS Weizenmehl

Vorbereitung Den Tofu in kleine Rechtecke schneiden und in der Salzlösung 1 Stunde ziehen lassen. Abgiessen und abtropfen lassen. Alle Zutaten für die Sauce in einer Schale vermengen. Eine Pfanne vorbereiten (Seite 25).

Zubereitung Das Öl in die Pfanne geben und erhitzen. Den Tofu im Mehl wenden, ins heisse Öl geben und 2 Minuten backen. Herausheben und abtropfen lassen. Zum Servieren kann die Sauce über den Tofu gegeben werden oder zum «Tauchen» separat gereicht werden.

Anmerkung Diese Art von Zubereitung ist ein typisches chinesisches «Fast food»-Gericht. Fliegende Händler bieten den stets frisch zubereiteten «Snack» mit lauten Ausrufen an. Auf chinesisch heisst das Rezept «Stinkender Tofu».

Gemüseküchlein

350 g Sojabohnenkeimlinge
100 g Karotten, in Streifen geschnitten
80 g Kartoffeln, in Streifen geschnitten
50 g Frühlingszwiebeln, gehackt
100 g Tofu, in Würfel geschnitten
5 EL Salatöl
1 ½ EL Sojasauce
¼ RS Wasser
1 RS Reismehl
¼ RS Kartoffelmehl oder Klebereismehl
1 TL Salz
1 ½ TL Pfeffer, frisch gemahlen
2 TL Zucker
1 TL Glutamat

Sauce
1 ½ EL süsse Bohnensauce
3 ½ EL Zucker
8 EL Wasser
1 EL Sambalpaste
1 ½ EL Sesamöl
1 EL Essig (25 %)
1 TL Kartoffelmehl, mit 2 EL Wasser angerührt

Öl zum Fritieren

Vorbereitung In einer grossen Schüssel die Gemüse und den Tofu mit Salatöl, Sojasauce und Wasser mischen. Reismehl und Kartoffelmehl beifügen und mit Salz, Pfeffer, Zucker und Glutamat würzen. Gut vermischen und 20 Minuten ziehen lassen. Eine Pfanne vorbereiten (Seite 25).

Zubereitung Alle Zutaten für die Sauce in die Pfanne geben, gut verrühren und auf kleiner Flamme erhitzen. Das angerührte Kartoffelmehl beifügen und kurz andicken lassen. Warm halten.

Aus je 2 EL Gemüsemasse 8–10 flache Küchlein formen. In einer Pfanne reichlich Öl erhitzen. Eine Schaumkelle mit kaltem Öl bestreichen, damit die Gemüsemasse nicht daran kleben bleibt. Die Gemüseküchlein eines nach dem anderen auf die Schaumkelle geben und in das heisse Öl gleiten lassen. 4–5 Minuten fritieren, dann herausheben und gut abtropfen lassen. Mit der Sauce servieren.

Anmerkung Sehr knusprige Küchlein erhält man, indem man sie zweimal fritiert. Noch knuspriger werden sie, wenn der Gemüsemasse mehr Kartoffel- und weniger Reismehl beigefügt wird (1 RS Kartoffelmehl und ¼ RS Reismehl). Das fritierte Gemüse hält sich etwa 2–3 Tage und schmeckt auch kalt sehr gut.

Scharfer Tofu

50 g sauer eingelegtes Gemüse
8 EL Speiseöl
1 EL Knoblauch, fein gehackt
2 EL Sambalpaste
½ RS Wasser oder Gemüsebouillon (Seite 125)
1 EL süsse Sojabohnenpaste
½ TL Salz
1½ EL Zucker
1 EL Essig (25 %)
450 g Tofu, in grosse Würfel geschnitten
1½ TL Kartoffelmehl, mit 4 EL Wasser angerührt
1 kleine Frühlingszwiebel (weisser Teil), in Streifchen geschnitten
2 EL Sesamöl

Vorbereitung Das saure Gemüse unter fliessendem kaltem Wasser gründlich spülen, gut abtropfen lassen und fein hacken. Eine Pfanne vorbereiten (Seite 25).

Zubereitung Das Öl in die Pfanne geben und erhitzen. Den Knoblauch kurz anbraten. Die Sambalpaste dazugeben, kurz mitbraten und mit ½ dl Wasser oder Gemüsebrühe ablöschen. Die Sojabohnenpaste einrühren und mit Salz, Zucker und Essig würzen. Das saure Gemüse und den Tofu dazugeben und zugedeckt auf kleiner Flamme 10 Minuten schmoren. Das angerührte Kartoffelmehl beigeben und andicken lassen. Die Frühlingszwiebeln untermischen, mit Sesamöl abschmecken und servieren.

Anmerkung Anstelle von saurem Gemüse kann 20 g getrocknetes Wintergemüse verwendet werden. Es muss 1 Stunde eingeweicht werden. Falls das Gericht weniger scharf sein soll, nur 1 EL Sambal untermischen. Zur Verfeinerung kann vor dem Servieren mit etwas Sechuanpfeffer gewürzt werden.

Maronen mit Blumenpilzen

40 g getrocknete Blumenpilze
8 EL Öl
15 g Ingwer, fein gehackt
3 RS Gemüsebouillon (Seite 125) oder Wasser
2 EL Reiswein
2 EL Sojasauce
1 TL Salz
½ TL weisser Pfeffer, frisch gemahlen
1 EL Glutamat
1½ EL Zucker
3 EL karamelisierter Zucker (Seite 23)
200 g Kastanien, geschält (tiefgefroren oder frische, gekocht und geschält)
1½ TL Kartoffelmehl, mit 3 EL Wasser angerührt
2 EL Sesamöl

Vorbereitung Die Blumenpilze 1 Stunde in warmem Wasser einweichen. Abgiessen und gut abtropfen lassen. Den Stiel entfernen und den Hut in kleine Stücke schneiden. Eine Pfanne vorbereiten (Seite 25)

Zubereitung Das Öl in die Pfanne geben und erhitzen. Den Ingwer sehr kurz anbraten und mit Gemüsebrühe oder Wasser ablöschen. Alle Gewürze, die Pilze und die Kastanien in die Pfanne geben. Gut umrühren und zugedeckt 25 Minuten schmoren lassen. Das angerührte Kartoffelmehl dazugeben und andikken lassen. Die Sauce auf hoher Flamme vollständig einkochen lassen. Mit Sesamöl abschmecken und servieren.

Tofu mit Lilienblütenpilzen

8 EL	Speiseöl
10 g	Knoblauch, fein gehackt
1 RS	Wasser
1½ TL	Salz
1½ EL	Zucker
2 EL	karamelisierter Zucker (Seite 23)
1 EL	Glutamat
3 EL	Sojasauce
2 EL	Tomatenketchup
500 g	Tofu, in grobe Würfel geschnitten
150 g	frischer Lilienblütenpilz (Enoki), zerpflückt (eventuell Konserve)
100 g	Lauch (Porree), nur der grüne Teil, in breite Ringe geschnitten
1 TL	schwarzer Pfeffer, frisch gemahlen
3 EL	Sesamöl

Zubereitung Eine Pfanne vorbereiten (Seite 25). Das Öl in die Pfanne geben und erhitzen. Den Knoblauch anbraten und mit dem Wasser ablöschen. Mit Salz, Zucker, karamelisiertem Zucker, Glutamat, Sojasauce und Tomatenketchup abschmecken. Den Tofu beigeben und auf kleiner Flamme 20 Minuten schmoren. Die Pilze zugeben und 5 Minuten mitschmoren. Den Lauch in die Pfanne geben und 1 Minute mitgaren. Mit Pfeffer und Sesamöl abschmecken. Auf grosser Flamme die Flüssigkeit etwas einkochen lassen. Anrichten und servieren.

Junger Seetang mit gemischtem Gemüse

15 g	getrocknetes Haarseegras, eingeweicht
10 g	junger Seetang, eingeweicht
5 g	getrocknete weisse Morcheln, eingeweicht
10–15 g	kleine chinesische Blumenpilze, eingeweicht
10 g	Strohpilze, eingeweicht
8 EL	Öl
1½ EL	Knoblauch, fein gehackt
2 RS	Wasser
60 g	Kastanien, tiefgefroren
3 EL	Reiswein
3 EL	chinesischer roter Essig (5 %)
5 EL	Sojasauce
1½ TL	Salz
1 TL	Pfeffer, frisch gemahlen
4 EL	karamelisierter Zucker (Seite 23)
1½ EL	Glutamat
3 EL	Sesamöl
1½ TL	Kartoffelmehl, mit 3 EL Wasser angerührt

Vorbereitung Die eingeweichten Gemüse und Pilze abgiessen, gründlich spülen und abtropfen lassen. Eine Pfanne vorbereiten (Seite 25).

Zubereitung Das Öl in der Pfanne erhitzen, den Knoblauch darin kurz anbraten und mit Wasser ablöschen. Die Gemüse, Pilze und Kastanien dazugeben, aufkochen, dann die Hitze reduzieren und auf kleiner Flamme 2 Minuten köcheln lassen. Mit Reiswein, Essig, Sojasauce, Salz, Pfeffer, dem karamelisierten Zucker, Glutamat und Sesamöl würzen, gut verrühren und aufkochen lassen. Die Hitze reduzieren und zugedeckt 15 Minuten auf kleiner Flamme schmoren lassen. Das angerührte Kartoffelmehl einrühren und andicken lassen. Das Gemüse anrichten und servieren.

Anmerkung Dieses Gericht ist sehr vitaminreich und wird in China deshalb vor allem im Winter serviert.

Tofu mit jungen Erbsen

8 EL	Öl
1 EL	Sambalpaste
20 g	Schalotten, fein gehackt
3 EL	Tomatenketchup
⅔ RS	Wasser
3 EL	Reiswein oder Reisweinhefe
1 EL	Essig (25 %)
1½ TL	Salz
1½ EL	Zucker
1½ TL	Glutamat
650 g	Tofu, in kleine Würfel geschnitten
1½ TL	Kartoffelmehl, mit 3 EL Wasser angerührt
50 g	junge Erbsen, frisch oder tiefgekühlt
2 Prisen	Sechuanpfeffer

Zubereitung Eine Pfanne vorbereiten (Seite 25). 8 EL Öl hineingeben und erhitzen. Die Sambalpaste kurz darin anbraten. Die Schalotten beigeben und kurz mitbraten. Das Tomatenketchup zugeben, etwas anziehen lassen und mit Wasser ablöschen. Mit Reiswein, Essig, Salz, Zucker und Glutamat würzen. Den Tofu in die Pfanne geben und zugedeckt 10 Minuten schmoren. Das angerührte Kartoffelmehl dazugeben und andicken lassen. Die Erbsen beigeben, mit Sechuanpfeffer bestreuen und servieren.

Anmerkung Das Gericht ist vor allem in der Provinz Sechuan sehr bekannt.

Auberginen mit Wasserkastanien und Basilikum

420 g	Auberginen
7 EL	Speiseöl
1½ TL	Knoblauch, fein gehackt
1½ TL	Ingwer, fein gehackt
50 g	Wasserkastanien, gehackt
1 RS	Wasser
1 EL	Sechuan-Bohnenpaste oder Chilisauce
1 EL	süsse Sojabohnenpaste
1½ EL	Zucker
1½ TL	Glutamat
1½ TL	Kartoffelmehl, mit 5 EL Wasser und ½ TL Salz angerührt
2 EL	Sesamöl
15 g	Basilikumblätter, in feine Streifen geschnitten

Vorbereitung Die Auberginen waschen, in Streifen schneiden und in kochendem Wasser 15 Minuten garen. Abgiessen und gut abtropfen lassen. Eine Pfanne vorbereiten (Seite 25).

Zubereitung Das Öl in die Pfanne geben und erhitzen. Den Knoblauch und Ingwer kurz darin anbraten. Die Auberginen und die Wasserkastanien dazugeben und unter ständigem Wenden anbraten. Mit Wasser ablöschen. Die Bohnenpasten, den Zucker und das Glutamat untermischen. Zugedeckt 10 Minuten schmoren lassen. Das angerührte Kartoffelmehl dazugeben und andicken lassen. Mit Sesamöl abschmecken und das Basilikum darüberstreuen. Sofort servieren.

Anmerkung Dieses Gericht stammt eigentlich aus Sechuan. Durch buddhistische Mönche ist es in ganz China bekannt geworden.

Gemischtes Schmorgemüse

50 g	Glasnudeln
20 g	Haarseegras
120 g	Tofu
	Öl zum Fritieren
80 g	Karotten, in Streifen geschnitten
80 g	junger Stangensellerie, in Streifen geschnitten
5 EL	Speiseöl
1½ TL	frischer Ingwer, sehr fein gehackt
1½ RS	Wasser
2½ EL	Sojasauce
1 TL	Salz
½ TL	Pfeffer, frisch gemahlen
1½ EL	Zucker
2 EL	karamelisierter Zucker (Seite 23)
1½ TL	Glutamat
100 g	Sojabohnenkeimlinge (Lunja)
1½ TL	Kartoffelmehl, mit 3 EL Wasser angerührt
2 EL	Karottenöl (Seite 23)

Vorbereitung Die Glasnudeln und das Haarseegras in warmem Wasser einweichen. Den Tofu in Streifen schneiden, in heissem Öl goldbraun fritieren und gut abtropfen lassen. Karotten und Sellerie in kochendem Wasser 10 Minuten garen und abtropfen lassen. Glasnudeln und Haarseegras abgiessen und gut abtropfen lassen. Eine Pfanne vorbereiten (Seite 25).

Zubereitung 5 EL Öl in die Pfanne geben und erhitzen. Den Ingwer darin anbraten und mit Wasser ablöschen. Mit Sojasauce, Salz, Pfeffer, Zucker, karamelisierten Zucker und Glutamat würzen. Aufkochen lassen und das Haarseegras, die Glasnudeln und das Gemüse dazugeben. Zugedeckt auf kleiner Flamme 10 Minuten schmoren. Den Tofu und die Sojabohnenkeimlinge beigeben und 5 Minuten mitschmoren. Das angerührte Kartoffelmehl einrühren und andicken lassen. Mit Karottenöl abschmecken und servieren.

Buddhistisches Hochzeitsgemüse

50 g	Blumenpilze, eingeweicht (Seite 125)
80 g	weisse Holzohrenpilze, eingeweicht (Seite 125)
100 g	Tofublätter, eingeweicht
6 EL	Öl
10 g	Ingwer, fein gehackt
2½ RS	Gemüsebouillon (Seite 125)
2 EL	Sojasauce
2 EL	süsse Sojasauce
1½ EL	Honig
1 EL	karamelisierter Zucker (Seite 23)
1 TL	Salz
150 g	Gingkonüsse, eingeweicht
½ l	Wasser
1 TL	Salz
3 EL	Öl
2 TL	Zucker
200 g	Broccoliröschen, zerteilt
1 TL	Kartoffelmehl, mit 3 EL Wasser angerührt
2 TL	Chiliöl oder Sesamöl

Vorbereitung Die eingeweichten Pilze und die Tofublätter abgiessen, abtropfen lassen und zerkleinern. Eine Pfanne vorbereiten (Seite 25).

Zubereitung 6 EL Öl in die Pfanne geben und erhitzen. Den Ingwer kurz anbraten, mit Gemüsebrühe ablöschen und zum Kochen bringen. Die Sojasauce, den Honig und den karamelisierten Zucker zugeben. Mit Salz würzen. Die Pilze, den Tofu und die Gingkonüsse beigeben. Zugedeckt auf kleiner Flamme 20 Minuten schmoren lassen.

Das Wasser zum Kochen bringen. Das Salz, Öl und den Zucker beigeben. Die Broccoliröschen 2 Minuten blanchieren. Abgiessen und abtropfen lassen. Auf einer Platte anrichten und warm halten. Das angerührte Kartoffelmehl zur Pilzmischung geben, aufkochen und andicken lassen. Das Chiliöl dazugeben und mit dem Broccoli hübsch anrichten.

Maiskolben mit schwarzen Bohnen

2	Maiskolben (etwa 800–850 g)
3 EL	schwarze fermentierte Bohnen
2 EL	Knoblauch, fein gehackt
8 EL	Öl
1 EL	frischer Chili, fein gehackt
3 RS	Gemüsebouillon (Seite 125) oder Wasser
1 TL	Salz
½ TL	weisser Pfeffer, frisch gemahlen
1½ EL	Zucker

Vorbereitung Die Maiskolben in je 5 Stücke schneiden, in kochendem Wasser 10 Minuten garen und abgiessen. Die scharzen Bohnen 10 Minuten einweichen, abgiessen und das Wasser ausdrücken. Den fein gehackten Knoblauch daruntermischen. Eine Pfanne vorbereiten (Seite 25).

Zubereitung 8 EL Öl in die Pfanne geben und den Chili kurz darin anbraten. Die Bohnen dazugeben und kurz mitbraten. Mit der Gemüsebrühe ablöschen und gut verrühren. Den Mais in die Pfanne geben und zugedeckt etwa 7 Minuten schmoren. Mit Salz, Pfeffer und Zucker würzen. Die Sauce einkochen lassen und, sobald sie eine sämige Konsistenz hat, das Gericht in eine Schüssel geben und servieren.

Taro mit Bambussprossen

300 g	Taro, geschält
250 g	Bambussprossen
	Öl zum Fritieren
8 EL	Speiseöl
10 g	Frühlingszwiebeln, fein gehackt
3 RS	Gemüsebouillon (Seite 125)
3 EL	Reiswein
5 EL	Sojasauce
1 TL	Salz
1 TL	schwarzer Pfeffer, frisch gemahlen
1½ EL	Zucker
3 EL	karamelisierter Zucker (Seite 23)
1 TL	Glutamat
2 EL	Karottenöl (Seite 23)

Vorbereitung Taro und Bambussprossen in mundgerechte Stücke schneiden. In einer Fritierpfanne das Öl erhitzen, den Taro hineingeben und 2 Minuten fritieren. Den Bambus dazugeben und nochmals 1 Minute fritieren. Aus der Pfanne heben und gut abtropfen lassen. Restliches Öl wegschütten. Eine Pfanne vorbereiten (Seite 25).

Zubereitung 8 EL Öl in die Pfanne geben und erhitzen. Die Frühlingszwiebeln kurz anbraten und mit der Gemüsebrühe ablöschen. Den Taro und die Bambussprossen in die Pfanne geben und mit Reiswein, Sojasauce, Salz, Pfeffer, Zucker, karamelisiertem Zucker und Glutamat würzen und gut verrühren. Zugedeckt auf kleiner Flamme 20–25 Minuten schmoren lassen. Nochmals aufkochen lassen und mit Karottenöl abschmecken.

Curry-Tofu

5 EL	Speiseöl oder Nussöl
1½ EL	Currypulver
1½ RS	Kokosmilch
1 TL	Salz
1½ EL	Zucker
350 g	Tofu, in Scheiben (4×4 cm) geschnitten
40 g	Chilischoten, fein geschnitten
100 g	grüner Paprika (Peperoni), in Würfel geschnitten
50 g	Zwiebeln, in feine Ringe geschnitten
20 g	Erbsen, frisch oder tiefgefroren
1 TL	Kartoffelmehl, mit 3 EL Wasser angerührt
3 EL	Chiliöl
½ TL	Sechuanpfeffer

Zubereitung Eine Pfanne vorbereiten (Seite 25). Das Öl in die Pfanne geben und erhitzen. Das Currypulver kurz anbraten. Mit der Kokosmilch ablöschen und gut verrühren. Mit Salz und Zucker würzen. Den Tofu beigeben und zugedeckt auf kleiner Flamme 10 Minuten schmoren. Die Chilischoten, Paprika und Zwiebeln zugeben; zugedeckt 5 Minuten schmoren. Die Erbsen untermischen. Das angerührte Kartoffelmehl beigeben und andicken lassen. Mit Chiliöl abschmecken und mit Sechuanpfeffer bestreuen.

Bittermelone mit Tofu

500–700 g Bittermelone
2 EL schwarze fermentierte Bohnen
40 g getrocknete Blumenpilze, eingeweicht (Seite 125)
80 g Wasserkastanien, klein gehackt
100 g Tofu, zerdrückt
80 g Erbsen (frisch oder tiefgefroren)
2 EL Sesamöl
½ TL Salz
1 TL Glutamat
½ TL Fünfgewürzepulver
1 EL Kartoffelmehl
1 TL Zucker

Sauce
3 EL Speiseöl
1 TL Knoblauch, fein gehackt
½ RS Gemüsebouillon (Seite 125)
½ TL Salz
1 EL Zucker
½ EL Glutamat
1 TL Kartoffelmehl, mit 4 EL Wasser angerührt
1 EL Sojasauce

Vorbereitung Die Bittermelone der Länge nach halbieren, die Kerne herausschaben und das Fleisch in 5–6 Spalten schneiden. Die Bohnen 10 Minuten wässern und dann zerdrücken. Die Pilze abgiessen, abtropfen lassen und klein schneiden. Bohnen, Pilze, Wasserkastanien, den Tofu und die Erbsen in eine Schüssel geben. Sesamöl, Salz, Glutamat, Gewürzpulver, Kartoffelmehl und Zucker zugeben und gut vermengen. 10 Minuten ruhen lassen. Die Bittermelonenstücke mit der Masse füllen und auf einen Siebeinsatz stellen. Eine Pfanne vorbereiten (Seite 25).

Zubereitung Die Bittermelonen zugedeckt 15–20 Minuten über Dampf garen. Den Sud zurückbehalten. Für die Sauce das Öl in die Pfanne geben und erhitzen. Den Knoblauch kurz anbraten, mit der Gemüsebrühe ablöschen und mit Salz, Zucker und Gluta-

mat würzen. Den Sud vom Garen der gefüllten Bittermelonen zur Sauce geben. Das angerührte Kartoffelmehl beifügen und andicken lassen. Die Bittermelonen anrichten und mit Sauce überziehen. Sojasauce darüber träufeln und servieren.

Anmerkung Besonders dekorativ sieht es auch aus, wenn man die Erbsen, statt sie in die Füllung zu mischen, erst nachträglich auf die gedämpften Bittermelonenschiffchen gibt.

Lotoswurzel mit Pflaumen

230 g Lotoswurzel (frisch, getrocknet oder Konserve)
50 g Dörrpflaumen
240 g Taro
5-6 RS Gemüsebouillon (Seite 125)
1½ TL Salz
1½ TL Pfeffer, frisch gemahlen
2 EL Sesamöl

Vorbereitung Getrocknete Lotoswurzel muss eingeweicht werden, Lotoswurzel aus der Konserve abgiessen und in Würfel schneiden. Die Dörrpflaumen einweichen, dann klein schneiden. Den Taro schälen und in kleine Würfel schneiden.

Zubereitung Die Zutaten auf 8 Reisschalen verteilen und mit Gemüsebrühe auffüllen. Mit Salz und Pfeffer bestreuen. Die Schalen über Dampf zugedeckt 1½ Stunden dämpfen. Mit ein paar Tropfen Sesamöl beträufeln und servieren.

Anmerkung Dieses Gericht ist sehr erfrischend und wird in China im Sommer oft serviert.

Gefüllte Gurken

2	Salatgurken (etwa 800 g)
100 g	Wasserkastanien
80 g	Sechuan-Gemüse
80 g	Karotten, sehr fein gehackt
100 g	Tofu, zerdrückt
1 TL	Kartoffelmehl
½ TL	Salz
1 TL	Glutamat
1½ TL	Zucker

	Sauce
2 EL	Öl
5 EL	Gemüsebouillon (Seite 125)
1 EL	Sesamöl
1 EL	Reiswein
1 TL	Salz
1½ TL	Glutamat
1½ TL	Kartoffelmehl, mit 2 EL Wasser angerührt

Vorbereitung Die Gurken schälen und in je vier Stücke schneiden. Die Kerne herausheben. Die Wasserkastanien zerkleinern und im Mixer pürieren. Das Sechuan-Gemüse 1 Stunde in kaltem Wasser einlegen. Danach abgiessen, abtropfen lassen und sehr fein hacken. Mit den fein gehackten Karotten, den Kastanien und dem Tofu gut vermengen. Kartoffelmehl, Salz, Glutamat und Zucker untermischen. Die Gurken mit der Masse füllen. Eine Pfanne vorbereiten (Seite 25).

Zubereitung Die Gurken in einen Siebeinsatz stellen und zugedeckt 20 Minuten über Dampf garen lassen. Die Gurken warm stellen und die Flüssigkeit beiseite geben. In einer Pfanne 2 EL Öl erhitzen und die Gurkenflüssigkeit dazugiessen. Die Gemüsebrühe, das Sesamöl und den Reiswein zugeben und mit Salz und Glutamat würzen. Das angerührte Kartoffelmehl beigeben und andicken lassen. Die Gurken anrichten, mit der Sauce übergiessen und servieren.

Gefüllte Heferollen

½	Würfel frische Hefe
½ RS	lauwarmes Wasser
500 g	Weizenmehl
¼ RS	Sesamöl
¼ RS	Sesamkörner, fein gemahlen
⅓ RS	Erdnüsse, fein gemahlen
4 EL	Zucker

Vorbereitung In einer Schüssel die Hefe mit dem Wasser anrühren. Nach und nach das Mehl beigeben und zu einem glatten Teig verarbeiten. Den Teig, mit einem feuchten Tuch zugedeckt, an einem warmen Ort um das Doppelte gehen lassen. Gut durchkneten und nochmals gehen lassen.

Zubereitung Den Teig auf einer bemehlten Fläche ½ cm dick ausrollen. Mit Sesamöl bepinseln und mit Sesamkörnern, gemahlenen Erdnüssen und dem Zucker bestreuen. Den Teig aufrollen und in etwa 7 cm breite Stücke schneiden. Jede Rolle in der Mitte leicht nach unten drücken, so dass die Seiten sich etwas aufrichten. Einen Siebeinsatz mit einem feuchten Tuch auslegen, die Heferollen darauf verteilen und zugedeckt ½ Stunde ruhen lassen. Anschliessend 20 bis 30 Minuten dämpfen und gleich servieren.

Anmerkung Dieses Gericht wird in China wie Brot zum Frühstück serviert.

Heisser Gemüsepudding

20 g getrocknete Blumenpilze, eingeweicht (Seite 125)
120 g Spinat, geputzt, fein gehackt
400 g Tofu, zerdrückt
3 EL Gemüsebouillon (Seite 125)
1 TL Salz
½ TL Pfeffer, frisch gemahlen
1½ TL Zucker
1½ TL Glutamat
1½ TL Sesamöl

Sauce
½ RS Gemüsebouillon (Seite 125)
1 TL Kartoffelmehl
2 TL Sesamöl
⅔ TL Salz
1 TL Glutamat
1 EL Zucker

Vorbereitung Die Pilze abgiessen, abtropfen lassen und fein hacken. Mit Spinat und Tofu in einer Schüssel mischen. Die Gemüsebrühe zugiessen und mit Salz, Pfeffer, Zucker und Glutamat würzen. Das Sesamöl beigeben und alles zu einer Masse verarbeiten. Die Puddingmasse in eine hohe Schale geben (bis knapp unter den Rand füllen). Mit einem Deckel oder Alufolie verschliessen. Eine Pfanne vorbereiten (Seite 25).

Zubereitung Den Pudding über Dampf zugedeckt 20 Minuten garen lassen. Die aus der Puddingmasse ausgetretene Flüssigkeit vorsichtig in ein Gefäss abgiessen. Den Pudding auf eine Platte stürzen und warm halten. Eine Pfanne erhitzen und den Puddingsaft hineingeben. Die Gemüsebrühe zugiessen. Das Kartoffelmehl einrühren. Das Sesamöl, Salz, Glutamat und den Zucker zugeben. Die Sauce aufkochen und eindicken lassen. Den Pudding mit der Sauce überziehen und servieren.

Gedämpfte Pilze in der Reisschale

100 g Sechuan-Gemüse
100 g Blumenpilze, eingeweicht (Seite 125)
150 g Lilienpilze, zerpflückt, eingeweicht
120 g Austernpilze, in Streifen geschnitten, eingeweicht
1 l Gemüsebouillon (Seite 125)
3 TL Salz
1 TL Pfeffer, frisch gemahlen
1½ EL Zucker
3 EL Sesamöl

Vorbereitung Das Sechuan-Gemüse 1 Stunde wässern. Die eingeweichten Zutaten abgiessen, abtropfen lassen und in feine Streifen schneiden.

Zubereitung Das Gemüse und die Pilze in eine Schüssel geben. Die Gemüsebrühe dazugeben. Mit Salz, Pfeffer, Zucker und Sesamöl würzen und gut vermengen. Als Vorspeise oder für eine grössere Tafel die Masse in 5–8 kleine Reisschalen verteilen (pro Person 1 Schale) und mit Alufolie verschliessen. Die Schalen zugedeckt über Dampf etwa 50 Minuten garen. Sofort servieren.

Maultaschen

Füllung

150 g Glasnudeln, eingeweicht (Seite 125)
110 g Sechuan-Gemüse, eingeweicht
300 g Karotten
150 g Maiskörner (Konserve) abgetropft
100 g Bambussprossen, fein gehackt
2½ TL Salz
½ EL Pfeffer, fein gemahlen
2 EL Zucker
1½ EL Glutamat
10 g Ingwer, fein gerieben
2 EL Sesamöl

Teig

3¾ RS Weizenmehl
1⅕ RS Wasser

Vorbereitung Die Glasnudeln und das Sechuan-Gemüse abgiessen, abtropfen lassen und fein schneiden. Die Karotten fein reiben, mit 1 TL Salz mischen und 10 Minuten ziehen lassen, dann gut durchspülen und abtropfen lassen. Alle Zutaten zur Füllung in eine Schüssel geben und mit den Gewürzen gut vermengen. 20 Minuten ruhen lassen.

Das Mehl mit dem Wasser mischen und zu einem glatten Teig verarbeiten. Mit einem feuchten Tuch bedeckt 20 Minuten ruhen lassen.

Zubereitung Den Teig zu einer Rolle von 2 cm Durchmesser formen und in etwa 10 g schwere Stücke schneiden. Eine Fläche bemehlen, die Stücke senkrecht darauf stellen und mit einem Nudelholz (Wallholz) zu Rondellen von 8 cm Durchmesser ausrollen. Je 1 EL Füllung in die Mitte des Teigs legen. Den Teigrand mit Wasser befeuchten, zur Hälfte über die Füllung schlagen und gut andrücken. Einen Siebeinsatz mit einem feuchten Tuch auslegen, die Maultaschen darauf verteilen und zugedeckt 15–20 Minuten dämpfen. Nach Belieben mit einer Sauce aus Sojasauce, Knoblauch, Chili und Sesamöl servieren.

Anmerkung Statt sie zu dämpfen, kann man die Maultaschen in leise köchelndem Wasser ziehen lassen. Nach dem Dämpfen können Maultaschen auch noch gebraten oder fritiert werden.

In der Provonz Shandong ist es Sitte, am Neujahrsfest kleine Münzen in den Maultaschen zu verstecken. Sie sollen Glück bringen!

Wasserkastanien mit schwarzen Bohnen

2 EL schwarze fermentierte Bohnen, eingeweicht
1 EL Knoblauch, fein gehackt
400–450 g Wasserkastanien (Konserve)
⅔ TL Salz
½ TL Pfeffer, frisch gemahlen
1½ TL Zucker
1½ TL Glutamat
2 EL Wasser
5 EL Öl
4 EL (20 g) Erbsen, frisch oder tiefgekühlt

Vorbereitung Die eingeweichten Bohnen abgiessen, spülen und abtropfen lassen. Mit dem gehackten Knoblauch und dem Reiswein in einer kleinen Schale mischen. In einer Pfanne mit Siebeinsatz oder Dampfkorb Wasser zum Kochen bringen.

Zubereitung Die Wasserkastanien auf einem Teller anrichten. Die Bohnenmasse darauf verteilen. Mit Salz, Pfeffer, Zucker und Glutamat würzen. Mit Öl und Wasser begiessen. Den Teller in den Siebeinsatz oder Dampfkorb stellen und zugedeckt 10–15 Minuten über dem Dampf garen. Die Erbsen darüber verteilen und nochmals 1–2 Minuten garen. Aus dem Dampfeinsatz nehmen und sofort servieren.

Gebratener Reis mit Tofublättern

200 g Tofublätter, eingeweicht
 40 g Erbsen, frisch oder tiefgekühlt
  8 EL Öl
  2 RS gekochter Reis
  2 TL Salz
 ½ TL Pfeffer, frisch gemahlen
  2 EL Zucker
  2 EL Glutamat
  1 EL Sojasauce
100 g Tomaten, enthäutet, entkernt, klein gewürfelt
  2 TL Sesamöl

Vorbereitung Die Tofublätter abgiessen, abtropfen lassen und kleinschneiden. Die Erbsen kurz blanchieren. Eine Pfanne vorbereiten (Seite 25).

Zubereitung Das Öl in die Pfanne geben und erhitzen. Den Tofu kurz anbraten, den Reis zugeben und unter Wenden 1 Minute mitbraten. Mit Salz, Pfeffer, Zucker, Glutamat und Sojasauce würzen. Die Erbsen und Tomatenwürfelchen untermischen. Mit Sesamöl beträufeln.

Gebratener Curryreis

 50 g Karotten, klein gewürfelt
 20 g Erbsen, frisch oder tiefgefroren
 50 g Tofu
      Öl zum Fritieren
  6 EL Öl
 50 g Salatgurke, geschält, klein gewürfelt
 50 g roter Paprika (Peperoni), klein gewürfelt
  2 RS gekochter Reis
  3 TL Currypulver
  2 TL Salz
  1 TL Pfeffer, frisch gemahlen
  2 EL Zucker
  1 EL Glutamat
  1 EL Sambalpaste
  2 TL Sesamöl

Vorbereitung Die Karottenwürfelchen und die Erbsen in kochendem Wasser kurz blanchieren. Den Tofu in Würfelchen schneiden, in heissem Öl 2 Minuten fritieren und abtropfen lassen. Eine Pfanne vorbereiten (Seite 25).

Zubereitung Das Öl in die Pfanne geben und erhitzen. Gurke, Paprika, Karotten und Tofu darin unter ständigem Wenden kurz anbraten. Den Reis dazugeben und das Currypulver gut untermischen. Mit Salz, Pfeffer, Zucker, Glutamat und Sambalpaste würzen und gut mischen. Die Erbsen unterrühren und mit Sesamöl beträufeln.

Anmerkung Als Variante 2 EL feingehackten Knoblauch kurz anbraten. Das Currypulver zugeben und ganz kurz mitbraten. Den Reis in die Pfanne geben und unter Wenden 1 Minute braten. Dann die Gemüse beigeben und nach Rezept fortfahren. Auf diese Art bleibt der Curry hellgelb und sein Aroma wird intensiver.

Buddhistisches Gemüse auf Reisbett

50 g Tofublätter, eingeweicht
30 g chinesische Blumenpilze, eingeweicht
80 g Champignons, frisch
50 g Blumenkohlröschen, zerteilt
40 g Bambussprossen, in Scheiben geschnitten
¾ RS Reis
1½ RS Wasser
6 EL Öl
30 g Gingkonüsse (Konserve)
20 g rote Datteln, eingeweicht
2 RS Gemüsebouillon (Seite 125)
1 TL Salz
1⅔ TL Kartoffelmehl, mit 4 EL Wasser angerührt
20 g Zuckererbsen (Kefen)
3 EL Sojasauce

Vorbereitung Die Tofublätter abgiessen und zerkleinern. Die Blumenpilze abgiessen, die Stiele entfernen und die Pilzhüte halbieren. Die Champignons vierteln. Ausser den Zuckererbsen alle Gemüse etwa 5–7 Minuten blanchieren. Abgiessen und gut abtropfen lassen. Den Reis kochen (Seite 124). Abgiessen, auf einer Platte anrichten und warm halten. Eine Pfanne vorbereiten (Seite 25).

Zubereitung Das Öl in die Pfanne geben und erhitzen. Den Tofu, die Gemüse und Pilze zusammen mit den Gingkonüssen und Datteln unter Wenden etwa 2 Minuten braten. Mit der Gemüsebrühe ablöschen und 3 Minuten schmoren lassen. Salzen. Das angerührte Kartoffelmehl beifügen, aufkochen und andicken lassen. Die Zuckererbsen beifügen und nochmals 1 Minute garen lassen. Mit Sojasauce beträufeln. Das Gemüse auf dem Reis anrichten und servieren.

Gebratener Reis mit Erdnüssen

8 EL Öl
2 TL Knoblauch, fein gehackt
2 TL Sambalpaste
40 g roter Paprika (Peperoni), klein geschnitten
200 g Erdnüsse, geschält
2 RS gekochter Reis
1½ TL Salz
2 Prisen Pfeffer, frisch gemahlen
2 EL Zucker
2 EL Glutamat
3 EL süsse Sojasauce oder Balsamico-Essig
20 g Frühlingszwiebeln, fein gehackt

Zubereitung Eine Pfanne vorbereiten (Seite 25). Das Öl in die Pfanne geben und erhitzen. Den Knoblauch darin anbraten. Die Sambalpaste dazugeben und kurz anziehen lassen. Den Paprika in die Pfanne geben und anbraten. Die Erdnüsse beigeben und mitbraten. Den Reis untermischen und unter ständigem Wenden kurz braten. Mit Salz, Pfeffer, Zucker, Glutamat und Sojasauce oder Essig würzen. Die Frühlingszwiebel dazugeben und gut mischen.

Gebratener Reis mit fünf Gemüsen

40 g grüne Bohnen, geputzt, in etwa 1 cm breite Stücke geschnitten
40 g Karotten, klein gewürfelt
40 g Tofu
Öl zum Fritieren
6 EL Öl
40 g Bambussprossen, klein gewürfelt
2 RS gekochter Reis
1⅔ TL Salz
1 TL Pfeffer, frisch gemahlen
2 EL Zucker
2 EL Glutamat
1 EL Sojasauce
40 g Frühlingszwiebeln, fein gehackt
40 g Sojabohnenkeimlinge
2 TL Sesamöl

Vorbereitung Die Bohnen und Karottenwürfel knackig kochen und beiseite stellen. Den Tofu in Würfelchen schneiden und in heissem Öl 2 Minuten fritieren, gut abtropfen lassen. Eine Pfanne vorbereiten (Seite 25).

Zubereitung Das Öl in die Pfanne geben und erhitzen. Die Karotten, Bohnen, den Bambus und Tofu kurz anbraten. Den Reis beigeben, mit Salz, Pfeffer, Zucker, Glutamat und Sojasauce würzen. Die Frühlingszwiebeln zugeben und gut wenden. Auf einer Platte anrichten, mit Sojabohnenkeimlingen bestreuen, mit Sesamöl beträufeln und servieren.

Gebratener Reis mit dreierlei Gemüse

75 g Blumenpilze, eingeweicht (Seite 125)
8 EL Öl
75 g Maiskörner (Konserve), abgetropft
75 g frische Erbsen
2 RS gekochter Reis
1½ TL Salz
1 TL Pfeffer, frisch gemahlen
2 EL Zucker
2 EL Glutamat
2 TL Sesamöl

Vorbereitung Die Blumenpilze abgiessen, abtropfen lassen und in kleine, feine Scheibchen schneiden. Eine Pfanne vorbereiten (Seite 25).

Zubereitung Das Öl in die Pfanne geben und erhitzen. Die Pilze, Maiskörner und Erbsen kurz darin anbraten. Den Reis dazugeben, mit Salz, Pfeffer, Zucker und Glutamat würzen und gut mischen. Mit Sesamöl beträufeln und sofort servieren.

Anmerkung Es können zusätzlich noch 1½ EL Sojasauce untergemischt werden.

Gebratene Reisnudeln mit Sechuan-Gemüse

120 g Reisnudeln
180 g Sechuan-Gemüse, eingeweicht
8 EL Öl
10 g Frühlingszwiebeln, fein gehackt
200 g Sojabohnenkeimlinge
1 TL Salz
½ TL Pfeffer
2 EL Zucker
2 EL Glutamat
1½ EL süsse Sojasauce
3 EL Sojasauce
5 g Frühlingszwiebeln, fein gehackt
2 TL Sesamöl

Vorbereitung Die Reisnudeln vorbereiten und kochen (Seite 124). In ein Sieb abschütten, abtropfen lassen und beiseite stellen. Das Sechuan-Gemüse in Streifen schneiden. Eine Pfanne vorbereiten (Seite 25).

Zubereitung Das Öl in die Pfanne geben und erhitzen. Die Frühlingszwiebeln anziehen lassen. Das Sechuan-Gemüse beigeben und unter ständigem Wenden 1 Minute braten. Die Reisnudeln dazugeben und auf grosser Flamme unter ständigem Wenden 2 Minuten braten. Die Sojabohnenkeimlinge untermischen. Mit Salz, Pfeffer, Zucker und Glutamat würzen. Die Sojasaucen beigeben und 1 Minute unter Wenden weiterbraten. Mit Frühlingszwiebeln bestreuen; mit Sesamöl abschmecken und servieren.

Gebratene Reisnudeln mit Spitzkohl

100 g Reisnudeln
270 g Spitzkohl, in feine Streifen geschnitten
1 kleine Karotte, in Streifen geschnitten
30 g Erbsen, frisch oder tiefgefroren
8 EL Öl
2 TL Salz
½ TL Pfeffer, frisch gemahlen
2 EL Zucker
2 EL Glutamat
1½ EL Sojasauce
50 g Sojabohnenkeimlinge

Vorbereitung Die Reisnudeln vorbereiten und kochen (Seite 124). Den Spitzkohl kurz blanchieren, die Karotte knackig kochen, die Erbsen kurz blanchieren, alle Gemüse abgiessen, kalt abspülen und abtropfen lassen. Eine Pfanne vorbereiten (Seite 25).

Zubereitung Das Öl in die Pfanne geben und erhitzen. Den Spitzkohl und die Karotten darin anbraten. Die Reisnudeln dazugeben und unter ständigem Wenden etwa 5 Minuten mitbraten. Mit Salz, Pfeffer, Zucker, Glutamat und Sojasauce würzen. Die Erbsen und Sojabohnenkeimlinge dazugeben und gut daruntermischen. Anrichten und servieren.

Gebratene Nudeln mit Gemüse

60 g Karotten, in feine Streifen geschnitten
60 g Chinakohl, in feine Streifen geschnitten
60 g Broccoliröschen, zerteilt
80 g Nudeln
2 EL Öl
8 EL Erdnussöl
60 g Bambussprossen, fein geschnitten
1 TL Salz
½ TL Pfeffer, frisch gemahlen
2 EL Zucker
2 EL Glutamat
3 TL Sojasauce
5 g Frühlingszwiebeln, fein gehackt

Vorbereitung Die Karotten knackig kochen. Chinakohl und Broccoli in kochendem Wasser kurz blanchieren. Abgiessen, kalt abspülen und gut abtropfen lassen. Die Nudeln kochen. Das Öl untermischen. Beiseite stellen. Eine Pfanne vorbereiten (Seite 25).

Zubereitung Das Öl in die Pfanne geben und erhitzen. Alle Gemüse unter ständigem Wenden etwa 2 Minuten darin anbraten. Die Nudeln zufügen und unter Wenden braten. Mit Salz, Pfeffer, Zucker, Glutamat und Sojasauce würzen und gut mischen. Mit Frühlingszwiebeln bestreuen und servieren.

Kalte Nudeln mit Sesamsauce

160 g Nudeln
2 EL Öl

Sauce
1 EL Zwiebeln, fein gehackt
2 EL Knoblauch, fein gehackt
1 EL Ingwer, fein gehackt
2 EL Essig (25 %)
3 EL Sojasauce
3 EL Chiliöl oder Sesamöl
2 EL Zucker
½ RS Wasser
½ RS Sesampaste
1½ TL Salz
½ TL weisser Pfeffer, frisch gemahlen
100 g Gurke, geschält, in Streifen geschnitten
150 g Sojabohnenkeimlinge

Vorbereitung Die Nudeln kochen. Das Öl untermischen. Beiseite stellen.

Zubereitung Die Zwiebeln, den Knoblauch und den Ingwer mit dem Essig, der Sojasauce, dem Öl, dem Zucker und dem Wasser gut verrühren. Die Sesampaste einrühren und mit Salz und Pfeffer würzen. Die Gurken und Sojabohnenkeimlinge unter die Nudeln mischen, die Sauce dazugeben, gut mischen und kalt servieren.

Nudeln mit süsser Bohnensauce

200 g	Nudeln
40 g	Sojabohnenkeimlinge, blanchiert
40 g	Gurke, in Streifen geschnitten
200 g	Tofu, gepresst, in Streifen geschnitten
5 EL	Öl
10 g	Frühlingszwiebeln, fein gehackt
1 RS	Gemüsebouillon (Seite 125)
3 EL	Reiswein
2 EL	karamelisierter Zucker (Seite 23)
3 EL	süsse Bohnenpaste
2 EL	Zucker
3 EL	Sojasauce

Vorbereitung Die Nudeln kochen (Seite 124). Abgiessen und gut abtropfen lassen. Nudeln, Sojabohnenkeimlinge, Gurkenstreifen und Tofu in eine Schüssel geben, mischen und beiseite stellen. Eine Pfanne vorbereiten (Seite 25).

Zubereitung Das Öl in die Pfanne geben und erhitzen. Die Frühlingszwiebeln anziehen lassen und mit der Gemüsebrühe ablöschen. Den Reiswein und den karamelisierten Zucker beigeben, die Bohnenpaste einrühren. Mit Zucker und Sojasauce würzen und 3–4 Minuten kochen lassen. Die heisse Sauce über die Nudeln geben und servieren.

Nudeln in Bouillon mit Pilzen

120 g	Nudeln
4 EL	Öl
60 g	Strohpilze, eingeweicht
60 g	chinesische Blumenpilze, eingeweicht
60 g	frische Champignons
40 g	Sechuan-Gemüse, eingeweicht
20 g	Broccoliröschen, zerteilt
5 EL	Öl
5 dl	Gemüsebouillon (Seite 125)
1½ TL	Salz
½ TL	Pfeffer
½ TL	Zucker
2 TL	Glutamat
2 TL	Sesamöl

Vorbereitung Die Nudeln kochen (Seite 124). Abgiessen und gut abtropfen lassen. 4 EL Öl untermischen und beiseite stellen. Die eingeweichten Pilze abgiessen, abtropfen lassen und in Streifen schneiden. Die Champignons putzen und in Scheibchen schneiden. Das Sechuan-Gemüse abtropfen lassen und in Streifen schneiden. Eine Pfanne vorbereiten (Seite 25).

Zubereitung Das Öl in die Pfanne geben und erhitzen. Die Pilze und das Sechuan-Gemüse kurz anbraten. In ein Sieb geben, abtropfen lassen und beiseite stellen.

In einer Kasserolle die Gemüsebrühe aufkochen. Die Nudeln hineingeben und kurz mitkochen. Herausheben, anrichten und warm stellen. Die Pilze und die Gemüse in die Brühe geben. Mit Salz, Pfeffer, Zucker und Glutamat würzen und 2 Minuten köcheln lassen. Zusammen mit der Brühe über die warmen Nudeln geben. Mit Sesamöl abschmecken und servieren.

Gebratene Nudeln
mit Spinat

80 g	Nudeln
2 EL	Öl
200 g	Spinat, geputzt, gewaschen
8 EL	Öl
2 EL	Knoblauch, fein gehackt
60 g	Sojabohnenkeimlinge
1½ TL	Salz
½ TL	Pfeffer, frisch gemahlen
2 EL	Zucker
2 EL	Glutamat
1½ EL	Sojasauce
10 g	Frühlingszwiebeln, fein gehackt

Vorbereitung Die Nudeln kochen. Das Öl untermischen. Beiseite stellen. Den Spinat in kochendem Wasser 1 Minute blanchieren. Abgiessen, gut abtropfen lassen und je nach Grösse der Blätter diese etwas zerkleinern. Eine Pfanne vorbereiten (Seite 25).

Zubereitung Das Öl in die Pfanne geben und erhitzen. Den Knoblauch anbraten. Die Nudeln in die Pfanne geben und unter ständigem Wenden anbraten. Den Spinat untermischen und kurz anziehen lassen. Die Sojabohnenkeimlinge beigeben und kurz mitbraten. Mit Salz, Pfeffer, Zucker, Glutamat und Sojasauce würzen und wenden. Mit Frühlingszwiebeln bestreuen und servieren.

Broccoli- und Blumenkohl-stiele in Sojasauce

300 g	Blumenkohlstiele
400 g	Broccolistiele
1 l	abgekochtes Wasser
3 EL	Salz
4 EL	Zucker
5 EL	Essig (25 %)
4 EL	Reiswein
1½ RS	Sojasauce
5 EL	Chiliöl

Zubereitung Die Blumenkohl- und Broccoli-stiele (Röschen für ein anderes Gericht verwenden) diagonal in dünne Scheibchen schneiden. Auf geeigneter Unterlage ausbreiten und 2 Tage an der frischen Luft oder noch besser an der Sonne trocknen lassen.

Das Gemüse in ein irdenes Gefäss geben und mit 1 l abgekochtem, kaltem Wasser bedecken. Mit Salz, Zucker, Essig, Reiswein und Sojasauce würzen und zugedeckt 2 Tage ziehen lassen.

Zum Servieren das Gemüse auf einen Teller anrichten und mit Chiliöl beträufeln.

Anmerkung In China wird dieses Gemüse meist zum Frühstück als Beilage zu Reissuppe serviert. Man kann auch andere Gemüsesorten wie beispielsweise getrocknete Gurken verwenden. In chinesischen Städten werden solche Frühstücksbeilagen oft von fliegenden Händlern, die auf dem Land wohnen, angeboten. Sie kündigen sich mit einer Glocke an. Die Leute kaufen auf der Strasse ein und essen ihr Frühstück dann zu Hause.

Verschiedene Gemüse eingelegt

300 g	Blumenkohl, geputzt, in kleine Stücke zerteilt
300 g	Rettich, geschält, klein gewürfelt
300 g	Karotten, klein gewürfelt
200 g	Spitzkohl, geputzt, die Blätter zerkleinert
1½ l	abgekochtes, kaltes Wasser
3–4 EL	Salz
1 EL	Essig (25 %) oder 5 EL Essig (5 %)
10 g	Sechuan-Pfefferkörner
10 g	Sternanis, ganz
5	frische Chilischoten
½ RS	Gaoliang-Schnaps

Zubereitung Die Gemüse auf einer Unterlage ausbreiten und 2–3 Tage an der frischen Luft oder noch besser an der Sonne trocknen lassen.

Die Gemüse in ein irdenes Gefäss oder ein Glas geben und mit dem abgekochten, kalten Wasser bedecken. Das Salz, den Essig, die Pfefferkörner, den Sternanis, die Chilischoten und den Gaoliang-Schnaps dazugeben und zugedeckt 2–3 Tage marinieren.

Anmerkung Die Gemüse können auch länger mariniert werden. Das Aroma der Gewürze wird dadurch intensiver. Die Salzmenge kann variiert werden. Die Marinade kann zwei- bis dreimal verwendet werden. Unter Umständen muss nachgesalzen werden. Anstelle von Gaoliang-Schnaps kann Reiswein verwendet werden. Zum Einlegen werden vorwiegend irdene Gefässe verwendet. Das Aroma kann sich so am besten entwickeln. Beim Herausheben darauf achten, dass das Besteck nicht mit Öl in Kontakt war. Öl bildet Schimmel auf der Marinade. Das Einlegen von Gemüsen, «Pao-Tsei» genannt, hat in China eine sehr lange Tradition und ist ebenso bekannt wie die Pekingente.

Guavas mit Süssholz

1 kg Guavas
1 l Wasser
2 EL Salz
20 g Süssholz, gemahlen
1½ TL Salz

Zubereitung Die Guavas waschen und je nach Grösse in Viertel oder Achtel schneiden. In einem Gefäss Wasser und Salz mischen. Die Guavas einlegen und 1 Stunde ziehen lassen. Das Süssholz im Mörser zerstossen oder im Cutter fein mahlen. Mit dem Salz mischen und in eine Schale geben.

Die Guavas aus der Salzlösung heben, gut abtropfen lassen und anrichten. Die Guavastücke werden in die Süssholzmischung getaucht und dann gegessen.

Guavas mit sauren Pflaumen

5 Guavas (ca. 400 g)
30 g getrocknete saure rote Pflaumen
1½ TL Salz

Zubereitung Die Guavas waschen und in Viertel schneiden. Die Pflaumen im Mörser zerstossen oder im Cutter mahlen und mit Salz mischen. In eine Schale geben. In die Guavaschnitze Zahnstocher stecken und auf einer Platte anrichten. Die Frucht wird in das Pflaumenpulver getaucht und gleich gegessen.

Anmerkung In China gibt es viele verschiedene Sorten Guavas. Für Desserts werden die kleinen bevorzugt. Getrocknete Pflaumen sind in mehreren Varianten im Handel.

Bananen und Äpfel im Teigmantel fritiert

Zutaten für 1 Person
Ausbackteig (Seite 123)
1 Banane, mittelgross
1 Apfel, mittelgross
Mehl zum Bestäuben
Öl zum Fritieren
Honig, flüssig

Vorbereitung Den Ausbackteig zubereiten. Die Banane schälen, den Apfel schälen und entkernen. Beide in mundgerechte Stücke schneiden und mit Mehl bestäuben. In jedes Obststück einen Zahnstocher stecken.

Zubereitung In einer Pfanne das Öl erhitzen. Die Obststücke durch den Ausbackteig ziehen, vom Zahnstocher in das heisse Öl gleiten lassen und goldgelb fritieren. Herausheben, abtropfen und 5 Minuten abkühlen lassen. Dann erneut in das heisse Öl geben und knusprig backen. In einem Sieb gut abtropfen lassen.

Die fritierten Obststückchen in Honig wenden und anrichten. Nach Belieben können sie zusätzlich mit etwas Kirschwasser oder Grand Marnier beträufelt und flambiert werden.

Anmerkung Auch andere Früchte können auf diese Art zubereitet werden, zum Beispiel Ananas oder Lychees. Früchte aus Konserven vor der Verwendung gut abtropfen lassen und mit Küchenpapier trockentupfen.

Cherrytomaten,
mit Dörrpflaumen gefüllt

300 g Cherrytomaten
100 g getrocknete saure schwarze Pflaumen, ohne Kerne
100 g getrocknete saure rote Pflaumen

Zubereitung Die Tomaten waschen und die Stiele entfernen. Die Tomaten einschneiden und je eine Pflaume in den Einschnitt stecken. In jede Tomate einen Zahnstocher stecken und auf einem Teller anrichten. Vor dem Servieren 1 Stunde kühl stellen.

Anmerkung Diese Nascherei ist in China sehr beliebt. Die Kombination von süss und sauer, kalt und knackig ist besonders erfrischend.

Apfel- und Birnenscheiben

3 Tient-Sin-Birnen
2 saure Äpfel (Boskop)
1 l Wasser
3 EL Salz

Zubereitung Die Birnen und Äpfel schälen. In Viertel schneiden und das Kerngehäuse entfernen. In einem Gefäss das Wasser mit dem Salz mischen und die Früchte hineingeben. Zugedeckt im Kühlschrank 1 Stunde ziehen lassen. Die Salzlake abgiessen und die Früchte gut abtropfen lassen. In die Birnen- und Apfelschnitze Zahnstocher stecken und auf einer Platte anrichten.

Schwarzer Tee

Schwarzteeblätter sind ganz fermentiert. Sie sind von dunkelrot-brauner Farbe. Ihr Aufguss ist orange bis dunkelrot. Schwarztee ist der alltäglich am häufigsten getrunkene Tee, oft von unterer bis mittlerer Qualitätsklasse. Auch als Eistee ist er in China sehr beliebt.

Poochong-Tee

Poochong wird aus erstklassigen Teeblättern in einem speziellen Fermentierungsverfahren hergestellt und ist ein halbfermentierter Tee. Die Blätter sind gekraust und von grünlicher Farbe. Der Aufguss ist gelb bis hellbraun, ein Tee von sehr natürlichem Aroma und feiner Eleganz.

Oolong-Tee

Die Oolong-Tees sind halbfermentiert. Die Blätter sind lang, eingerollt und fleischig und von gelb-grün-rötlicher Farbe. Ihr Aufguss zeichnet sich durch ein natürliches, fruchtiges und sehr charakteristisches Aroma aus. Die Feinheit seines Bouquets lässt sich höchstens mit dem der besten Sorten der Darjeelings vergleichen. Der aufgegossene Tee ist orange bis hellrot. Er kann heiss oder kalt getrunken werden. Die besten Sorten stammen aus Formosa (Taiwan).

Ti-Kuan-Yin-Tee «Eiserne Göttin der Barmherzigkeit»

Dieser Tee wird aus den Blättern einer speziellen Teepflanze hergestellt und ist halbfermentiert. Typisch sind die fest ineinander verschlungenen Blattstreifen. Ihre Farbe ist grünbraun. Der Aufguss wird goldgelb bis braun. Dieser Tee hat verdauungsfördernde Eigenschaften und soll nach Genuss von zuviel Alkohol ausnüchternde Wirkung haben.

Grüner Tee

Grüner Tee ist seit undenklichen Zeiten Teil der chinesischen Kultur, und er wird noch heute nach altüberlieferten Methoden hergestellt. Grüner Tee wird nicht fermentiert. Man unterscheidet zwei Herstellungsmethoden: Zum einen wird er gedämpft («steamed»), zum andern pfannenerhitzt («pan-fired»). «Gunpowder» und «Chun-Me» sind, neben anderen, zwei sehr bekannte Sorten. Der Aufguss ist von blassem Gelbgrün und hat ein erfrischendes, leicht bitteres Aroma.

Die Kunst des Teeaufgiessens

So wie es in Europa eine grosse Zahl verschiedener Weine gibt, gibt es in China eine Vielfalt von Tees. Die fünf beschriebenen Teesorten sind die bekanntesten und wichtigsten. Im Alltag wird einfacher Tee, das heisst nicht von höchster Qualitätsklasse, getrunken. Im Restaurant wird dem Gast Tee serviert, noch bevor er die Speisekarte erhält. Vollendeten Teegenuss bieten die Teehäuser. Dort werden Spitzentees verschiedener Anbaugebiete in der entsprechenden Atmosphäre und in traditionellem Geschirr serviert. Dazu werden kleine Naschereien angeboten.

Für die Zubereitung von hochwertigem Tee benötigt man zwei Teekannen: eine Aufgusskanne und eine Servierkanne, dazu Teetassen oder Teeschalen, ein Teeboot und ein Tablett.

Um den Tee zuzubereiten, geht man folgendermassen vor: Die Aufgusskanne ins Teeboot stellen. Die Kanne mit heissem Wasser füllen und den Deckel schliessen. Die Wärme bewirkt, dass der Tee danach schneller feucht wird und sich dadurch das Aroma besser entwickelt.

Das heisse Wasser von der Aufgusskanne in die Servierkanne giessen. Mit einem Löffel die benötigte Menge Teeblätter in die Aufgusskanne geben. (Sie sollte zu einem Sechstel mit Teeblättern gefüllt sein.)

Die Teeblätter mit kochendem Wasser aufgiessen und den Deckel auf die Kanne setzen. Die Teekanne aussen mit heissem Wasser begiessen, bis das Teeboot zur Hälfte gefüllt ist. Den Tee 3–5 Minuten ziehen lassen.

Die Teetassen oder Teeschalen im Wasser des Teeboots erwärmen und auf das Tablett stellen. Das Wasser aus der Servierkanne schütten und den Tee von der Aufgusskanne in die Servierkanne giessen, dann einschenken.

Man sollte eine Kanne immer nur für dieselbe Teesorte benützen.

Sojabohnenmilch

500 g gelbe Bohnen (Sojabohnen), getrocknet
1½ l Wasser
15 RS Wasser

Vorbereitung Die gelben Bohnen 24 Stunden im Wasser einweichen. Das Wasser mehrmals wechseln. Am folgenden Tag das Wasser abgiessen und die Bohnen gut abspülen.

Zubereitung Die Bohnen in ein Gefäss geben. 15 Reisschalen Wasser dazugeben und mit dem Stabmixer pürieren. Die Masse durch ein mit einem sauberen Tuch ausgelegtes Sieb abgiessen. Die Bohnenmasse ausdrücken und dann wegwerfen. Die Flüssigkeit in eine Pfanne geben und 10 Minuten kochen. Nicht rühren! Die Flüssigkeit würde sich sonst bräunlich verfärben. Die Sojabohnenmilch kann jetzt weiterverarbeitet werden.

Süsse Sojabohnenmilch 1 Reisschale Sojabohnenmilch mit 1 EL Zucker verrühren.

Salzige Sojabohnenmilch

1½ RS Sojabohnenmilch (siehe oben)
1 EL Sechuan-Gemüse, gewässert und sehr fein gehackt
2 TL Zwiebeln, sehr fein gehackt
1 TL Petersilie, sehr fein gehackt
1½ EL Essig (5 %)
1 TL Chiliöl
⅓ TL Salz

Zubereitung Die Sojabohnenmilch mit allen Zutaten gut vermischen.

Anmerkung Die Verwendung von Sojabohnenmilch hat in China eine lange Tradition. Sojabohnenmilch hat die gleiche Bedeutung wie die Kuhmilch in Europa. Als Getränk, süss oder salzig, wird sie vor allem zum Frühstück, als Nachtisch oder während des Tages getrunken. Sojabohnenmilch ist das wichtigste Ausgangsprodukt für fast alle Lebensmittel auf Sojabohnenbasis wie beispielsweise auch Tofu.

Sojabohnensaft

300 g rote und grüne Sojabohnen
3 l Wasser
50 g frischer Ingwer, fein gerieben
 Zucker nach Belieben

Zubereitung Die Sojabohnen in 1 Liter Wasser 1 Stunde einweichen. Abgiessen und in eine Kasserolle geben. Mit 2 Liter Wasser bedecken und 2–3 Stunden kochen lassen. (Die Kochzeit kann je nach Alter der Sojabohnen variieren.) Sobald die Bohnen weich sind, mit Ingwer und Zucker abschmecken. Das Getränk kann warm oder kalt serviert werden.

Karambole-Fruchtsaft

1 kg junge Karambolas (Sternfrucht)
1 RS Reiswein
100 g Zucker
1 EL Salz

Die Sternfrüchte in Scheiben, dann kreuzweise in kleine Stücke schneiden. Mit Wein, Zucker und Salz vermischen, in einen Steinguttopf geben, verschliessen und mindestens 1 Monat an einem kühlen Platz ziehen lassen. Dann giesst man den Saft durch ein Sieb ab und mischt ihn nach Belieben mit kaltem Wasser und Zucker. Ein Getränk, das in China im Sommer sehr beliebt ist.

Pflaumensaft

80 g getrocknete saure Pflaumen
10 g Süssholz
20 g Guavenblüten
8–10 RS Wasser
200 g Zucker

Zubereitung Alle Zutaten in eine Kasserolle geben und zugedeckt auf kleiner Flamme 20 Minuten köcheln lassen. Die Flüssigkeit absieben und nach Belieben mit Wasser verdünnen.

Anmerkung Die Zutaten können ein weiteres Mal aufgekocht werden. Man nimmt dann weniger Wasser. Das Getränk ist in China sehr beliebt.

Wintermelonensaft

3 kg Wintermelonen
Kandiszucker
Wasser

Zubereitung Die Melonen schälen, entkernen und in Stücke schneiden. In eine Kasserolle geben, mit Wasser bedecken und weich kochen. Sobald die Melonen zerkocht sind, die 1½fache Menge Kandiszucker beigeben und zergehen lassen. Die Masse in eine kalt ausgespülte Form geben und hart werden lassen.
Um ein Getränk herzustellen, den Wintermelonenzucker in Wasser auflösen. Der Zucker ist auch im Handel erhältlich.

Erdnussmilch

500 g frische Erdnüsse
4 l Wasser
50 g frischer Ingwer, fein gerieben
Zucker

Zubereitung Die Erdnüsse in 1 Liter Wasser 1 Stunde einweichen und dann schälen. 3 Liter Wasser in eine Kasserolle geben. Die Erdnüsse hineingeben und zugedeckt auf kleiner Flamme 4–5 Stunden kochen lassen. Das Wasser muss von milchiger Farbe und die Nüsse weich sein. Mit Ingwer abschmecken und pro Reisschale Erdnussmilch 1 EL Zucker beigeben. Die Erdnussmilch kann warm oder kalt getrunken werden.

Anmerkung In China gibt es frische Erdnüsse zum Kochen und zum Fritieren. Äusserlich sehen sie gleich aus, Fritiernüsse werden beim Kochen aber nicht weich.

Ching-Bu-Liang

Dieses krampflösende, kräftigende Getränk wird aus Lotoskernen, Lilienblüten, Yamswurzel, Bambusblättern, verschiedenen Nüssen, Perlgraupen und Longans zubereitet. Alle Zutaten bis auf die Perlgraupen und Longans werden etwa 1 Stunde eingeweicht. Dann wird das Ganze langsam erhitzt und auf kleiner Flamme 2 Stunden köcheln gelassen. Die getrockneten Perlgraupen und Longans zugeben und nochmals 1 Stunde kochen. Mit etwas Salz abschmecken. Der Saft wird – zusammen mit den darin eingelegten Zutaten – heiss genossen.

Anmerkung Dieses Getränk lindert Unwohlsein und stärkt bei Abgespanntheit.

Liang-Fen

500 g Agar-Agar-Gelee (Konserve)
½ RS Zucker
5 RS Wasser

Zubereitung Den Agar-Agar in eine Schüssel geben und mit einem Schwingbesen schlagen. Das Wasser und den Zucker zugeben und gut mischen. 1 Stunde in den Kühlschrank stellen.

Anmerkung Dieses erfrischende und typische Sommergetränk wird überall in China von Strassenhändlern angeboten.

Gemüsesäfte

Gemüsesäfte, in China sehr beliebt, werden aus verschiedenen Zutaten hergestellt, zum Beispiel aus Bittermelone, Maiskernen oder jungem Stangensellerie. Die Gemüse werden geputzt, zerkleinert und mit etwas Wasser im Mixer püriert. Anschliessend verdünnt man die Masse nach Belieben mit Wasser. Gemüsesäfte erfrischen und fördern die Verdauung.

Wong-Lo-Kat-Kräutertee

100 g Wong-Lo-Kat-Kräutermischung
5 RS Wasser

Zubereitung In einem Topf die Kräutermischung mit dem Wasser aufsetzen und 2 Stunden auf kleiner Flamme köcheln lassen. Den Tee heiss trinken.

Anmerkung Wong-Lo-Kat ist ein sehr bekannter Kräutertee und findet in der Naturheilkunde oft Verwendung. Man reicht ihn gegen Kopfschmerzen, Zahnschmerzen, Fieber, Erkältungen, Magenschmerzen und bei einem Sonnenstich. Er hat auch vorbeugende Wirkung.

Chinesischer Zuckersaft

Ein aus Kanton stammendes, sehr beliebtes Getränk. Die Zutaten – Zuckerrohr, Yamswurzel, Karotten und Heilkräuter, alle getrocknet – werden zerkleinert und mit Wasser zum Kochen gebracht. Die Pfanne zudekken und den Saft auf kleiner Flamme 3 Stunden köcheln lassen. In China wird das in einem Steinguttopf auf Holzkohle gemacht. Den Saft abgiessen und heiss trinken. Er wirkt krampflösend und beruhigend. Die entsprechenden Zutaten sind abgepackt in asiatischen Geschäften erhältlich.

Chinesischer Früchtetee

Verschiedene Teesorten, wie Zuckerrohrtee, Chrysanthemenblütentee oder Lo-Han-Kuo-Tee (Fructus momordicae), sind in China überall im Handel. Für den Export werden sie als Instant-Tee hergestellt und sind in Geschäften mit asiatischen Produkten erhältlich. Früchtetees sind bei all jenen beliebt, die schwarzen Tee nicht mögen oder nicht vertragen, aber trotzdem nicht auf das feine Aroma und die belebende Wirkung eines Aufgussgetränkes verzichten wollen.

Ausbackteig

320 g Weissmehl
2 EL Backpulver
20 g Kartoffelmehl
1 Eigelb
1 TL Salz
1½ RS Wasser
10 EL Öl

In einer Schüssel Mehl, Backpulver, Kartoffelmehl, Eigelb, Salz und Wasser zu einem glatten Teig verarbeiten und 10 Minuten ruhen lassen. Das Öl einrühren und die Masse nochmals 20 Minuten ruhen lassen. Nach Rezept weiterverwenden.

Fritierteig (Panade)

320 g Weizenmehl
20 g Kartoffelmehl
2 EL Backpulver
1 Ei
1½ RS Wasser
1 TL Salz
10 EL Öl

Mehl, Kartoffelmehl, Ei, Backpulver, Wasser und Salz vermengen und anschliessend das Öl unterrühren. Den Teig vor Gebrauch 30 Minuten stehen lassen.

Frühlingsrollenteig

1 RS Weizenmehl
3 EL Kartoffelmehl
1½ RS kaltes Wasser
1 EL Salz

Das Weizenmehl und das Karoffelmehl in eine Teigschüssel geben. ½ Reisschale Wasser und Salz zugeben und mit einem Handrührgerät gut mischen. Das restliche Wasser zugiessen und alles zu einem glatten Teig verarbeiten. Den Teig 10 Minuten ruhen lassen.

Eine Bratpfanne von 20–25 cm Durchmesser erhitzen und den Pfannenboden mit einigen Tropfen Öl ausreiben. Mit einer Schöpfkelle Teig in die Pfanne geben und gleichmässig sehr dünn verteilen. Die Hitze etwas reduzieren und den Teig nach etwa 1 Minute mit einer Bratschaufel wenden. Nach einer weiteren ½ Minute den Teig aus der Pfanne heben. Die angegebene Menge ergibt etwa 6 Teigblätter.

Wan-Tan-Teig

230 g Weizenmehl
8 EL Kartoffelmehl
1 Ei
½ RS Wasser
½ TL Salz

Das Weizenmehl und das Kartoffelmehl in eine Teigschüssel geben und mischen. Ei, Salz und Wasser dazugeben und mit einem Rührgerät zu einem glatten Teig verarbeiten. Den Teig auf einer bemehlten Fläche etwa 5 Minuten kneten. In einem feuchten Tuch 30 Minuten ruhen lassen. Dann nochmals durchkneten.

Den Teig so dünn wie möglich auswallen und in 10 × 10 cm grosse Vierecke schneiden.

Die Wan-Tan-Hüllen nach Rezept weiterverarbeiten.

Hefeteig

600 g Weizenmehl
1 Würfel frische Backhefe
1 RS lauwarmes Wasser

Das Mehl in eine Schüssel geben und eine Vertiefung machen. Die Backhefe mit ½ Reisschale Wasser verrühren und in die Vertiefung giessen. Mit dem Mehl verrühren und unter Zugabe des restlichen Wassers zu einem glatten Teig kneten. Den Teig zu einer Kugel formen, auf der Oberfläche mit dem Finger einige Löcher eindrücken und mit etwas Wasser füllen. Den Teig in die Schüssel legen, mit einem Tuch zudecken und ½ bis 1 Stunde an einem warmen Ort gehen lassen. Nochmals durchkneten und 30 Minuten gehen lassen. Nach Rezept weiterverarbeiten.

Nudelteig

Ergibt etwa 600 g gekochte Nudeln
250 g Weizenmehl
4 EL Kartoffelmehl
1 Eigelb
½ RS Wasser
½ TL Salz

Zubereitung Das Weizenmehl und das Kartoffelmehl in eine Teigschüssel geben und mischen. Eigelb, Wasser und Salz dazugeben und alles zu einem glatten Teig verarbeiten. Den Teig mit einem feuchten Tuch bedecken und 30 Minuten ruhen lassen. Dann den Teig auf einer bemehlten Fläche nochmals durchkneten. Den Teig in die gewünschte Dicke auswallen und in Streifen schneiden. Man kann die Nudeln sofort verwenden, sie trocknen oder im Kühlschrank aufbewahren. Damit sie nicht kleben, mit etwas Mehl bestäuben. Für Spinatnudeln verwendet man anstelle von Wasser die entsprechende Menge Spinatsaft.

Nudeln kochen

Für 300 g Nudeln 7,5 dl Wasser zum Kochen bringen. Die Nudeln ins Wasser geben und wieder zum Kochen bringen. 2,5 dl kaltes Wasser zugiessen und erneut zum Kochen bringen. Diesen Vorgang dreimal wiederholen. Sobald die Nudeln «al dente» sind, herausheben und mit kaltem Wasser abschrecken. Damit sie nicht kleben, etwas Öl untermischen.

Reisnudeln kochen

Die Reisnudeln in der doppelten Menge Wasser etwa 20 Minuten unter dem Siedepunkt ziehen lassen. Die Nudeln herausheben und auf einem Sieb abtropfen lassen. Mit wenig Öl vermengen oder sofort weiterverarbeiten.

Reis kochen

In China wird der Rundkornreis dem Langkornreis vorgezogen. Er bleibt klebrig und lässt sich mit Stäbchen leichter essen. Die Europäer dagegen ziehen den körnig bleibenden Langkornreis vor.

Zutaten für 4 Personen
2 RS Rundkornreis
2 RS Wasser

Den Reis und das Wasser in eine Pfanne geben, zum Kochen bringen und zugedeckt auf grosser Flamme 5 Minuten kochen lassen. Umrühren. Die Flamme auf Mittelhitze zurückschalten und den Reis 2 Minuten weiterkochen. Dann den Reis auf kleiner Flamme nochmals 2–3 Minuten kochen. Die Herdplatte abstellen und den Reis 5 Minuten darauf stehen lassen.

Anmerkung 1 Tasse Reis ergibt 2 Reisschalen gekochten Reis. Bei Rundkornreis braucht man für 1 Tasse Reis 1 Tasse Wasser, bei Langkornreis für 1 Tasse Reis 1⅔ Tassen Wasser, und er muss etwas länger gekocht werden.

Gemüsebouillon

500 g gelbe Sojabohnen
100 g Stiele vom Blumenpilz
200 g Maronen
 30 g Kandiszucker
  7 l Wasser

Die gelben Bohnen über Nacht in 1 l Wasser einweichen. Das Einweichwasser abgiessen und die Bohnen abspülen.

6 l Wasser zum Kochen bringen, die Bohnen mit allen übrigen Zutaten hineingeben. Die Gemüsebouillon an drei aufeinanderfolgenden Tagen jeweils 3 Stunden zugedeckt auf kleiner Flamme köcheln lassen. Die Bouillon auskühlen lassen und im Kühlschrank aufbewahren. Vor jedem Gebrauch wird sie kurz aufgekocht.

Süss-saure Sauce

  3 EL Zucker
  4 EL Tomatenketchup
  8 EL Wasser
5½ EL Essig (5 %)
1½ TL Kartoffelmehl, mit 3 EL Wasser angerührt

Den Zucker mit dem Tomatenketchup, dem Wasser und dem Essig zum Kochen bringen und 3 Minuten kochen lassen. Das Kartoffelmehl mit dem Wasser anrühren und zur Sauce geben. Nochmals aufkochen lassen. Nach Rezept weiterverwenden.

Einweichen von Pilzen

Blumenpilze (Dongu)

Diese Pilze quellen um das Drei- bis Vierfache ihres Trockenvolumens auf. Sie werden 1 Stunde in der vierfachen Menge heissen Wassers eingeweicht. Das Einweichwasser abgiessen und nochmals 20 Minuten in kaltem Wasser einweichen. Dann weiterverarbeiten.

Falls die eingeweichten Blumenpilze nicht sofort gebraucht werden, darf man sie nicht im Wasser stehen lassen. Sie verlieren sonst ihr Aroma. In Frischhaltefolie eingewickelt im Kühlschrank aufbewahren!

Holzohrenpilze

Holzohrenpilze werden in der dreifachen Menge heissen Wassers eingeweicht und ½ bis 1 Stunde ziehen gelassen. Ihr Volumen vergrössert sich um das Dreieinhalbfache. Dann die Pilze waschen und bis zur Verarbeitung erneut in kaltes Wasser legen. Man kann sie bis zu einer Woche im Wasser lassen; ihr Volumen vergrössert sich dann noch etwas.

Einweichen von Glasnudeln

Glasnudeln werden in der sechsfachen Menge abgekochten heissen Wassers 1 Stunde eingeweicht. Sie vergrössern ihr Volumen etwa um das Fünffache. Die Nudeln abtropfen lassen und nach Rezept weiterverarbeiten.

Rezeptverzeichnis

Vorspeisen

30	Frühlingsrollen
32	Geburtstagssuppe
32	Gemischtes Gemüse in Glasnudelblättern
35	Kalte Gemüseplatte
34	Rote Bohnen in Blätterteigbällchen
33	Spitzkohlkuchen
29	Süsskartoffeln, fritiert
29	Taros, fritiert
33	Walnusssuppe
29	Wan-Tan, fritiert

Suppen

40	Brunnenkressesuppe
39	Chinakohl mit Tofu
40	Chinesische-Blumenpilze-Suppe mit Tofu
39	Glasnudelsuppe
36	Gurkensuppe
38	Sauer-scharfe Suppe
41	Tofusuppe
40	Tomatensuppe mit Tofu
38	Vier-Gemüse-Suppe
36	Wan-Tan-Suppe

Salate

46	Bittermelonensalat
42	Bok-Choy-Salat
43	Chinakohlsalat mit scharfer Sauce
44	Dreierlei-Gemüse-Salat
42	Eingelegtes Sauergemüse, Salat
46	Eisberg-Gemüse-Salat
49	Grüne Gurken, Salat
47	Grüner Spargel, Salat
43	Gurkensalat mit Glasnudelblättern
49	Kohlrabisalat
48	Kohlsalat, scharfer
42	Sojabohnenkeimling-Salat (Lunja)
48	Spinatsalat
48	Spitzkohlsalat, pikanter

Braten

54	Auberginen mit Basilikum
65	Chinakohl mit Glasnudeln
60	Chinesische Pilze mit Bambussprossen
50	Chinesische Salzrettiche, gebraten
62	Erdnüsse mit Tofu gebraten
62	Glasnudelblätter mit Spinat und Tofu
51	Grüne Bohnen, gebraten
58	Grüner Spargel, kurzgebraten
50	Junger Bambus, gebraten
64	Lauchgemüse «Spezial»
59	Mangold oder Spinat, gebraten
64	Mehlklösschen mit gemischtem Gemüse
65	Mehlklösschen mit Tomaten, gebraten
54	Neun-Köstlichkeiten-Gemüse
52	Sauerkohlgemüse mit jungem Bambus
55	Sojabohnen im Teigmantel, gebraten
52	Sojabohnenkeimlinge mit Sechuan-Gemüse
60	Tofu mit Sojabohnenkeimlingen
56	Tofu mit Spitzkohl, gebraten
59	Zuckererbsen mit Mandeln gebraten
58	Zuckererbsen, gebraten
55	Zwiebelgemüse

Kochen

72	Auberginen mit Tomaten
72	Broccoli mit Karottenöl
70	Champignons in Kokossauce
69	Currygemüse
69	Gemüse-Allerlei
70	Kürbis mit Kokosmilch
66	Spargel in Kokossauce
66	Tofu mit Rettich und Seetang
68	Tofu mit Spinat-Tomaten-Gemüse
68	Tofublätter mit verschiedenen Gemüsen

Parallelkochen

74 Broccoli mit süsser Sojasauce
76 Fritierte Champignons auf Spinatbett
73 Fritierte Strohpilze
73 Geschmorte Pilze auf Blattgemüse
75 Süss-saure Gemüseklösschen
74 Tofu mit süss-saurem Gemüse
76 Tofublätter mit süss-saurer Sauce

Fritieren

80 Auberginen, fritiert, mit süss-sauer eingelegtem Ingwer
81 Chilis, gefüllt, fritiert
82 Gemüseküchlein
80 Seetang, fritiert
78 Tofu mit Sechuanpfeffer, fritiert
82 Tofu, knusprig fritiert
81 Tofurollen, gefüllt und fritiert

Schmoren

88 Auberginen mit Wasserkastanien
   und Basilikum
90 Buddhistisches Hochzeitsgemüse
92 Curry-Tofu
89 Gemischtes Schmorgemüse
86 Junger Seetang mit gemischtem Gemüse
90 Maiskolben mit schwarzen Bohnen
84 Maronen mit Blumenpilzen
92 Taro mit Bambussprossen
88 Tofu mit jungen Erbsen
86 Tofu mit Lilienblütenpilzen
84 Tofu, scharfer

Dämpfen

94 Bittermelone mit Tofu
96 Gefüllte Gurken
96 Gefüllte Heferollen
97 Gemüsepudding, heisser
94 Lotoswurzel mit Pflaumen

98 Maultaschen
97 Pilze, gedämpft, in der Reisschale
98 Wasserkastanien mit schwarzen Bohnen

Reisgerichte

102 Buddhistisches Gemüse auf Reisbett
100 Curryreis, gebraten
104 Reis mit dreierlei Gemüse, gebraten
102 Reis mit Erdnüssen, gebraten
104 Reis mit fünf Gemüsen, gebraten
100 Reis mit Tofublättern, gebraten

Nudelgerichte

108 Kalte Nudeln mit Sesamsauce
110 Nudeln in Bouillon mit Pilzen
108 Nudeln mit Gemüse, gebraten
111 Nudeln mit Spinat, gebraten
110 Nudeln mit süsser Bohnensauce
106 Reisnudeln mit Sechuan-Gemüse, gebraten
106 Reisnudeln mit Spitzkohl, gebraten

Eingelegtes Gemüse

112 Broccoli- und Blumenkohlstiele in Sojasauce
112 Verschiedene Gemüse eingelegt

Desserts

116 Apfel- und Birnenscheiben
114 Bananen und Äpfel im Teigmantel fritiert
116 Cherrytomaten, mit Dörrpflaumen gefüllt
114 Guavas mit sauren Pflaumen
114 Guavas mit Süssholz

Tee und andere Getränke

122 Chinesischer Früchtetee
122 Chinesischer Zuckersaft
121 Ching-Bu-Liang
118 Die Kunst des Teeaufgiessens
121 Erdnussmilch

122   Gemüsesäfte
117   Grüner Tee
120   Karambole-Fruchtsaft
122   Liang-Fen
117   Oolong-Tee
121   Pflaumensaft
117   Poochong-Tee
117   Schwarzer Tee
120   Sojabohnenmilch
120   Sojabohnenmilch, salzig
120   Sojabohnensaft
117   Ti-Kuan-Yin-Tee
121   Wintermelonensaft
122   Wong-Lo-Kat-Kräutertee

Grundrezepte

123   Ausbackteig
125   Einweichen von Glasnudeln
125   Einweichen von Pilzen
123   Fritierteig (Panade)
123   Frühlingsrollenteig
125   Gemüsebouillon
124   Hefeteig
124   Nudeln kochen
124   Nudelteig
124   Reis kochen
124   Reisnudeln kochen
125   Süss-saure Sauce
123   Wan-Tan-Teig

Sachregister

Agar-Agar 19
Auberginen 14
Backen 27
Bambus 12, 18
Bittergemüse 12
Bittermelone 14
Blanchieren 26
Blumenpilze 15
Blütenkohl, chinesischer 10
Bocksdornblätter 11
Bohnen
    dicke, chinesische rote 13
    gelbe 17
    Härchen-, chinesische 13
    Jahres-, chinesische 13
    Kaiser-, chinesische 13
    rote 17
    Seiden-, chinesische 14
Bohnenpaste, braune, gelbe, schwarze 22
Bohnenschoten, chinesische 13
Bohnensprossen
    chinesische gelbe 13
    Mungo- 13
Bok-Choy 10
Braten 25
Buddhismus 8f.
Chayote 15
Chili 21
Chiliöl 20, 23
Chilipulver 20
Chilisauce 23
Chinakohl 10
Chinesische Gewürzmischung 20
Chrysanthemenblätter 11
Curry 21
Dämpfen 26
Dampfkorb 26, 28
Drachenbarthaargemüse 11
Dudhi 14
Einlegen 26

Enoki 15
Erdnussöl 23
Essig 23
Essstäbchen 28
Fleischverbot 8f.
Fritieren 25
Frühlingsduftgemüse 12
Frühlingszwiebel 21
Fünfgewürzpulver 20
Garen in Steingut 26
geografische Gliederung 8
Gewürzkochen 26
Gingkonüsse 19
Glasnudeln 17
Glutamat 21
Goduwurzel 12
Gurken 14
Haarseegras 19
Holzohrenpilze 15
Ingwer 21
Jadepilze 16
kandierte Früchte 19
karamelisierter Zucker 23
Karottenöl 23
Kassie 20
Klebereismehl 18
Kleines Weissgemüse 11
Knoblauch 21
Kong-Chin-Tsai/Kong-Lung 11
Kulturgeschichte 8ff.
Kürbis, chinesischer fünfeckiger 14
Kürbis, chinesischer stumpfer 14
Kurzbraten 25
Lauchblütensprossen 15
Lilienblütenknospen 18
Lilienpilze 15
Longans 19
Lotosblätter 10
Lotoskerne 18
Lotoswurzel 13, 18
Löwenzahn 11
Maniok 12
Masseinheiten 6

Mehlklösschen 17
Miso 22
Nüsse/Kerne 18
Olivengemüse 11
Pak-Choy 10
Purpurgemüse 11
Reisnudeln 18
Reisschale (Masseinheit) 6
Reiswein 24
Rettich 12
Sachachiang-Sauce 22
Sambal 23
Sautieren 25
Schmoren 25
Schnaps 24
Schneegemüse 11
Schnittlauch, chinesischer 10
Schnittlauchblütensprossen 15
Sechuangemüse 18
Sechuanpfeffer 20
Seetang 19
Senfkohl 10
Sesam 20
Sesamöl 23
Sesampaste 22

Sojasauce 22
Spargel 15
Spinat, chinesischer 11
Stangensellerie 15
Sternanis 20
Strohpilze 15
Suppe 26
Süssholzwurzel 20
Süsskartoffelblätter 10
Taoismus 8f.
Taro 12
Teighüllen 17
Tempelküche 8f.
Tofu, -blätter, gepresst 9, 17
Wasabi 23
Wasserkastanie 13
Weisser Bambus 13
Weisskartoffel 13
Weisskohl, chinesischer 10
Winterkürbis, chinesischer 14
Wok 27
Yamswurzel 12
Zimt 20
Zwei-Pfannen-Garen 26